W0039881

> SZENE

S. 12–15: Trends, Entdeckungen, Hotspots! Was wann wo in Leipzig los ist, verrät die MARCO POLO Szeneautorin vor Ort

> 24 STUNDEN

S. 96/97: Action pur und einmalige Erlebnisse in 24 Stunden! MARCO POLO hat für Sie einen außergewöhnlichen Tag in Leipzig zusammengestellt

> LOW BUDGET

Viel erleben für wenig Geld! Wo Sie zu kleinen Preisen etwas Besonderes genießen und tolle Schnäppchen machen können:

Große Kunst für kleines Geld S. 32 | Preiswert genießen: Suppen, Sushi, Sächsisches S. 62 | Neue Klamotten, neue Frisur, und dabei Geld gespart S. 70 | Günstig kneipen am Connewitzer Kreuz S. 78 | Übernachten im Loft: grandios und erschwinglich S. 88

> GUT ZU WISSEN

Zuschauersport S. 30 | Glimmstängel ade! S. 38 | Blogs & Podcasts S. 42 | Gourmettempel S. 58 | Spezialitäten S. 64 | Bücher & Filme S. 80 | Luxushotels S. 86

AUF DEM TITEL

Entspannen unter Palmen S. 14
Die wundersame Verwandlung des Stadtteils Plagwitz S. 92

ENTDECKEN SIE LEIPZIG!

Unsere Top 15 führen Sie an die interessantesten Orte und zu den spannendsten Sehenswürdigkeiten

Die Highlights sind in der Karte auf dem hinteren Umschlag eingetragen

 Leipziger Buchmesse
Geliebte Publikumsmesse für Leser und Bücherfreunde. Im März gilt: Ganz „Leipzig liest" (Seite 20)

Mädlerpassage und Messehofpassage
Leipzigs berühmteste Ladenpassagen: Hier atmen Flaneure weltstädtisches Flair (Seite 32)

 Museum der bildenden Künste
Neue Architektur für die alten Meister der europäischen Malerei (Seite 34)

Museum in der „Runden Ecke"
Am Originalschauplatz den bürokratischen Stasi-Terror der DDR nachempfinden (Seite 35)

 Nikolaikirche
Seit dem deutsch-deutschen Wendeherbst 1989 als Keimzelle der friedlichen Revolution weltweit bekannt (Seite 36)

 Thomaskirche
Deutschlands Kirche mit dem steilsten Dach, einem der besten Chöre und dem berühmtesten Kantor (Seite 38)

Bundesverwaltungsgericht
Großartiger wilhelminischer Kuppelbau mit wechselhafter Geschichte (Seite 44)

 Neue Messe
Modern, repräsentativ, beeindruckend: das neue Messezentrum vor den Toren der Stadt (Seite 52)

MARCO ⊕ POLO

LEIPZIG

Reisen mit Insider Tipps

> Immer noch verändert sich hier unglaublich viel. Leipzig erfindet sich jeden Tag neu. Da wird es nie langweilig.
> *MARCO POLO Autorinnen Stephanie von Aretin und Evelyn ter Vehn*
> (siehe S. 130)

(siehe S. 130)

Spezielle News, Lesermeinungen und Angebote zu Leipzig:
www.marcopolo.de/leipzig

LEIPZIG

> SYMBOLE

MARCO POLO INSIDER-TIPPS
Von unseren Autorinnen für Sie entdeckt

MARCO POLO HIGHLIGHTS
Alles, was Sie in Leipzig kennen sollten

 **SCHÖNE AUSSICHT**

🛰 **WLAN-HOTSPOT**

▶▶ **HIER TRIFFT SICH DIE SZENE**

> PREISKATEGORIEN

HOTELS
€€€ über 110 Euro
€€ 85–110 Euro
€ unter 85 Euro
Die Preise gelten für zwei Personen im Doppelzimmer mit Frühstück pro Nacht

RESTAURANTS
€€€ über 15 Euro
€€ 10–15 Euro
€ unter 10 Euro
Die Preise gelten für ein durchschnittliches Hauptgericht ohne Getränke

> KARTEN

[108 A1] Seitenzahlen und Koordinaten für de Cityatlas Leipzig

Übersichtskarte Leipzig m. Umland auf S. 120/121

Liniennetzplan im hintere Umschlag

Zu Ihrer Orientierung sind auch die Objekte mit Koordinaten versehen, die nicht im Cityatlas eingetragen sind

> DIE BESTEN MARCO POLO HIGHLIGHTS

 Völkerschlachtdenkmal
100 Jahre nach Napoleons Debakel eingeweiht, bietet das monumentale Bauwerk heute einen tollen Blick über die Stadt (Seite 53)

 Baumwollspinnerei
Angesagtes Atelier- und Galeriezentrum. Konzentrat der neuen Leipziger Schule (Seite 68)

 Gewandhaus
Ob Klassik, Jazz oder Chanson: Im traditionsreichen Gewandhaus wird musikalischer Hochgenuss geboten (Seite 79)

 Moritzbastei
Der Leipziger Szene- und Studententreff schlechthin: Party hinter Festungsmauern (Seite 80)

 Seaside Park Hotel
Art déco, wohin das Auge schaut: übernachten und speisen mit Stil und Tradition – und das am Rand der Innenstadt (Seite 85)

 Zoo Leipzig
Dank TV-Präsenz ist der Zoo im ganzen Land bekannt: Im Tempel kann man durch das Unterwasserfenster badende Elefanten beobachten (Seite 91)

 Cospudener See
Wo einst die Braunkohlebagger die Erde aufrissen, befindet sich heute Leipzigs Badeparadies Nr. 1 – spektakuläre Sonnenuntergänge, Seeterrasse und Wassersport inklusive (Seite 101)

WAS
FÜR
EINE
STADT!

Südvorstadt

> Welche Stadt möchten Sie besuchen: die Musikstadt mit dem Gewandhausorchester und Bach als „Botschafter" in aller Welt? Die Kunstmetropole mit der bürgerlichen Gemäldesammlung und den jungen Wilden der „Neuen Leipziger Schule"? Die Stadt der friedlichen Revolution von 1989? Die scharfzüngige Sachsenmetropole mit ihren Kabarettbühnen? Bummeln Sie durch Leipzig, und das alles liegt Ihnen zu Füßen. Lassen Sie an einem Cafétisch in den eleganten Passagen das Flair von über 800 Jahren Geschichte, die Kraft aus zwanzig Nachwendejahren wirken. Sie werden erleben: Leipzig erfindet sich jeden Tag neu.

> Leipzig – das klingt nach Thomanern, Bach und Gewandhausorchester, nach Goethe, Schiller und Brockhaus. Oder eher nach Buch-, Automobil- und Computerspielmesse? Vielleicht duftet es nach Kaffee, schmeckt süß nach Leipziger Lerche und spottet am Ende jeder Beschreibung. Auf gut Säggs'sch, versteht sich ... Denn die Leipzscher haben ein loses Mundwerk, ob sie mit „Wir sind das Volk" den Mauerfall herbeidemonstrierten oder den Bahnhof mit seinen glitzernden Ladenzeilen unter dem Bahnsteig als „Einkaufsparadies mit Gleisanschluss" verspotten.

> **Die Stadt steuert
zu neuen Ufern**

Kein Wunder, dass die Kabaretts der Stadt nahezu so berühmt wie die Messe sind. Und wenn Sie Lust auf einen kleinen Disput haben, fragen Sie die Leipziger, ob ihre Heimat nun eher Musik- oder Kultur-, Messe-

oder Medienstadt ist. Um es vorwegzunehmen: Die quirlige Stadt in der Leipziger Tieflandsbucht, mit rund 500 000 Einwohnern plus knapp 1,8 Mio. Übernachtungsgästen jährlich, samt Orchester von Weltruf sowie einem der modernsten Messegelände des Kontinents ist natürlich das alles. Und noch mehr, denn rund 37 000 Studenten an der Universität und den Fachhochschulen, an den Hochschulen für Grafik und Buchkunst, Theater und Musik sowie der ersten privaten Wirtschaftshochschule Deutschlands sorgen für lockere Lebensart und kreative Impulse. Sie werden es erleben: In Leipzig bewegt sich was. Das fängt bei den Baukränen an und hört bei den Skatern in der Fußgängerzone noch lange nicht auf.

Wer zum ersten Mal nach Leipzig kommt, wird staunen, wie grün der einstige DDR-Industriestandort ist.

Leipzigs grüne Seite: Treffpunkt Johannapark

Zwar gibt es keine exotischen Stadtgärten mehr, wie der Kaufherr und Manufakturbesitzer Dietrich Apel sie im 18. Jh. schuf (das Restaurant *Apels Garten* in der Kolonnadenstraße erinnert noch daran). Dafür zieht sich von Schkeuditz im Norden bis nach Markkleeberg im Süden 25 km Auenwald mitten durch die Großstadt. Vom Autolärm am Ring bis in die Wildheit dieses größten zusammenhängenden Auenwaldes Mitteleuropas ist es nur ein Katzensprung. In der City des knapp 300 km^2 großen Stadtgebiets ist alles, was man sehen will, auf weniger als einem Quadratkilometer vereint. Historie trifft hier Konsum auf en-

> **> Leipzig hat das Zeug zu glänzen**

gem Raum: Zutaten für eine Mischung, die ihren Charme den Leip-

zig-Besuchern, die sich durch das verzweigte Passagensystem der Stadt treiben lassen, auf Anhieb offenbart. Die Messe- und Einkaufsstadt zeigt ihr geschäftiges Gesicht. Dahinter hat die oft beschworene Boomtown allerdings mit Büroleerstand und Arbeitslosigkeit zu kämpfen. Nahezu jeder Fünfte sucht einen Job. Schließlich hat die Stadt mit der Wende eine schwere Hypothek aufgenommen. Ganze Industriezweige brachen weg. Damals wurde versucht, die Misere mit parteiübergreifender Konsenspolitik abzufedern. Heute gilt als Leipziger Modell, was der damalige Oberbürgermeister Hinrich Lehmann-Grube praktizierte: Entscheidungen sachlich zu fällen, nicht ideologisch. Doch die Streitlust wächst angesichts der Milliarden-Stadtverschuldung. Leipzig sucht seinen Weg zwischen Alltagssorgen samt Sparkurs und der Erhaltung seiner Strahlkraft als Metropole im Osten Deutschlands.

Denn Leipzig hat das Zeug zu glänzen. Mit Großprojekten positioniert sich die Stadt als Dreh- und Angelpunkt der Region. Der Flughafen Leipzig/Halle punktet als Luftfrachtkreuz für DHL und Lufthansa Cargo. Dazu nutzen 2,7 Mio. Passagiere jährlich den Flughafen. 2011 sollen die Gäste im Herzen der Stadt, unter dem Markt, aus der Bahn steigen können. Hier entsteht ein Haltepunkt des City-Tunnels, mit nur 4 km Länge die wohl kürzeste U-Bahn der Welt. Aufsehen erregend: Für die Arbeiten verschob man den Portikus des Bayerischen Bahnhofs um 30 m nach links.

Schon jetzt strömen Gäste von weither zu den Großevents im umgebauten Zentralstadion, eine Arena für 45 000 Zuschauer. Leipzig hat sogar sich selbst umgebaut. Der Arbeiterstadtteil Plagwitz wandelte sich zum Vorzeigeviertel mit Lofts, Cafés und Radwegen am Kanal. Und in beachtlichen Kraftakten wurde die ehemalige Tagebaumondlandschaft im Süden der Stadt zu einem gigantischen Freizeitareal umgestaltet. Statt Förderbrücken und Kohlebaggern gibt es nun Badeseen mit Wassersportmöglichkeiten sowie den Vergnügungspark Belantis.

> **Wohlstand und Weltoffenheit**

Die Wissenschaft setzt mit der Universitätsklinik, einem Hightech-Herzzentrum und dem Biotechnologiezentrum „Bio City" Highlights. Sogar das produzierende Gewerbe kommt nach Leipzig zurück: Im Norden der Stadt produziert Porsche den Nobel-Geländewagen „Cayenne" und BMW unter anderem die 3-er Reihe.

Findig waren die Sachsen schon immer. Egal, ob es um die Erfindung der Kaffeefiltertüte ging (1908 durch Melitta Bentz) oder um die Verbriefung der Stadtrechte für Leipzig. Das genaue Datum lässt sich bis heute nicht aus den Mantelfalten der Geschichte schütteln: Irgendwann zwischen 1160 und 1165 muss der Wettiner Markgraf Otto von Meißen dem Marktflecken Leipzig das Stadtrecht verliehen haben. Den Stadtbrief brachte die Bürgerschaft Leipzigs allerdings selbst zu Pergament und machte so nach dem Tod des Markgrafen die Stadtgründung samt Marktprivileg ein für alle Mal rechtsgültig. Der „Gründungsstreit" gewann zu DDR-Zeiten noch einmal politische Brisanz. 1958 sprach die SED-Stadtleitung ein Machtwort, legte das Geburtsjahr Leipzigs auf 1165 fest und verschaffte sich so ein bisschen Luft zur Vorbereitung der 800-Jahr-Feier.

Der Name Leipzig ist noch viel älter. Er geht auf die Sorben zurück, die im 7. Jh. am Zusammenfluss von Elster und Parthe siedelten. Dort fanden sie ihren heiligen Baum, die Linde, und schnell war „Lipsk", der Ort bei den Linden, in der Region ein Begriff. Bald erwirtschafteten sich die Leipziger als clevere Kaufleute ihren Platz in der Geschichte. Im Schutz der deutschen Burg Libizi entfalteten Kaufleute und Handwerker vom 10. bis 12. Jh. ein reges Treiben. Welch Glück, dass dort die Via Regia, die Hauptschlagader des Ost-West-Handels, vorbeiführte und bald die Nord-Süd-Tangente Via Imperii kreuzte. Da fehlte nur noch wenig, um Leipzig zum Nabel der Handelswelt zu machen. 1497 war es dann so weit: Kaiser Maximilian verlieh der Stadt das Messeprivileg, und fortan brachten die Reisenden unter königlichem Schutz Wohlstand und Weltoffenheit in die Stadt. Von den mittelalterlichen Messmärkten in Holzbuden und Gewölben führt ein wechselhafter Weg durch Kriege, Völkerschlacht, Aufschwung und Wendezeiten zum Bau eines der modernsten

Nur optisch ein „Rotlichtviertel": die Messehofpassage

Messezentren Europas. Noch älter ist die Tradition Leipzigs als Universitätsstadt. 1409 gegründet, ist die Uni die zweitälteste Deutschlands. Schon bald nach ihrer Gründung zog sie bedeutende Gelehrte an: Christian Thomasius philosophierte hier, der Philo-

> **Mein Leipzig lob' ich mir!**

loge Johann Christoph Gottsched war zu Goethes Zeiten Rektor. Wilhelm Wundt gründete 1879 das erste Institut für experimentelle Psychologie, und der Physiker Werner Heisenberg lehrte an der Uni. Gottfried Wilhelm Leibniz, Gotthold Ephraim Lessing und der Komponist Robert Schumann studierten in Leipzig, ebenso die Dichter Jean Paul, Friedrich Schlegel und Novalis. Auch Karl May war da, wenn auch ohne studentische Ambitionen. 1865 mietete er sich über der Central-Apotheke ein,

ließ sich einen Pelz bringen – und verschwand mit dem guten Stück, ohne ihn zu bezahlen. Doch der Spitzbube wurde gefasst und ins Arbeitshaus gesteckt. Ob diese Haft Karl Mays Phantasie Flügel verlieh, bleibt ungeklärt. Verbrieft ist dagegen die Verbindung mit einem Stück Weltliteratur, dem „Faust": Als der 16-jährige Johann Wolfgang von Goethe 1765 nach Leipzig kam, war das ein Schritt aus der Enge der verwinkelten Gassen Frankfurts in die Großzügigkeit der sächsischen Messestadt. Goethe legte sich eine weltmännische Garderobe zu. Im „Faust" lässt er die Studenten in Auerbachs Keller über die „wunderliche Weise" der Auswärtigen spotten, und „Frosch" hebt an zu dem berühmten Satz: „Mein Leipzig lob' ich mir! Es ist ein klein Paris und bildet seine Leute." Da zeigt der junge Goethe sympathische Selbstironie – ein feiner Zug, der gut zu den Sachsen passt.

▶▶ TREND GUIDE LEIPZIG

Die heißesten Entdeckungen und Hotspots! Susanne Klingner scoutet Sie durch den Szene-Dschungel

Unser Szene-Scout

Susanne Klingner ist freie Journalistin. Während ihres Studiums kam sie nach Leipzig und blieb für sechs Jahre: Clubs, Kunst und Musik haben sie überzeugt. Susanne Klingner verwirklichte sich einen Traum: Sie machte die Passion für ihre Wahlheimat zum Beruf und brachte die Anthologie *Leipzigbuch* heraus. Mittlerweile lebt sie wieder in München, besucht aber so oft es geht die Ostmetropole.

▶▶ BRETTSPORT

Skateparks & Co

Die weltweite Skateszene wächst, so auch in Leipzig, wo die Stadt in einer ungenutzten Halle der Stadtwerke die erste überdachte Skatehalle Leipzigs gebaut hat *(Gelände der Stadtwerke, Grünau)*. Ideengeber ist der Verein *Urban Souls*, der sich der Entwicklung der Skateszene Leipzigs verschrieben hat *(www.urban-souls.de)*. Flip-Kicks und Ollies konnten Skater bisher nur auf Freiluftplätzen, wie der Halfpipe am Richard-Wagner-Platz oder den Ramps des Jungendzentrums *Conne Island (Koburger Str. 3, www.conne-island.de)*, trainieren. Gut organisiert ist auch der Nachwuchs der Leipziger Rollbrettsportler, der sich bei *Rise Above Skateboards (Kochstr. 121, www.RiseAboveSkateboards.com)* oder im *Titus Leipzig (Hainstr. 10, www.titus.de)* mit den aktuellsten Szenenews und den heißesten Boards und Outifts versorgt.

ISZENE

▶▶ RÄUME IN GROßFORMAT

Aus Fabriken wird Kunst

Industriecharme und hohe Räume – ausgediente Fabrikhallen sind perfekt für moderne Wohnräume, Lofts und Galerien. Künstler schätzen die meterhohen Fensterfronten und die Atmosphäre. Das favorisierte Objekt ist die alte Baumwollspinnerei (*Spinnereistr. 7, www.spinnerei.de,* Foto).

Der Klinkerbau beherbergt junge Galerien wie *Eigen+Art (www.eigen-art.com)*, *Kleindienst (www.galeriekleindienst.de)* und *Dogenhaus (www.dogenhaus.net)*. Dazwischen findet sich noch genug Platz für Wohnraum, der besonders bei Kunst- und Designstudenten beliebt ist. Die Hallen des ehemaligen *Buntgarnwerks (Nonnenstr. 17, www.buntgarnwerke.de)* sind ein Highlight für Ästheten; die Ausstattung des rot-weißen Prachtbaus spricht für sich: hohe Wände, Emporen mit Chromgeländern, Holzböden.

▶▶ COMPUTERMUSIK

Elektro hat die Nase vorn

Neue Labels und visionäre Künstler sorgen in Leipzig dafür, dass Elektromusik angesagter denn je ist. Das junge Label *Nightsweat Records* hat sich große Ziele gesetzt, immerhin wollen die vier Jungs nichts weniger als den sächsischen Musikmarkt neu definieren. Dafür unterstützen sie vor allem junge Talente aus der Minimalecke *(www.myspace.com/night sweatrecords)*. Gunnar Stiller und Adam Layer sind die Gesichter der Elektro-DJ-Combo *Golden Toys (www.goldentoys.de,* Foto), die sich nach erfolgreichen

chen Turntableauftritten, zum Beispiel im *Velvet Club (Körnerstr. 68, www.clubvelvet.de)*, bereits einen Namen gemacht haben. Michael Arlt ist Inhaber des Plattenladens *Vinylcheck* und nennt sich selbst „Personal Vinyl Dealer". Wer auf der Suche nach Elektro-Delikatessen ist, findet hier garantiert das Richtige *(Könnerlitzstr. 79, www.vinylcheck.de)*.

▶▶ NUR NICHT NORMAL

Die Mode ist weiblich

Designerinnen sind auf der Modebühne tonange-
bend, dabei haben sie ein genaues Bild der Leipziger
Frauen im Kopf: sexy und selbstbewusst. Louise Günther schneidert für ihr Label *Haine Fine* Einzelstücke
mit einem Hauch Exzentrik. Ihre Entwürfe sind eine
Verschmelzung von Fashion und Kunst und nichts für
Mauerblümchen *(Baumwollspinnerei Haus 18, Sei-
teneingang EG, Spinnereistr. 7, www.hainefine.de,
Foto)*. Ein Name, den man sich merken sollte: Bianca
Bannach. Sie hat mit Alexander McQueen gearbeitet
und kombiniert klassische Couture mit Elementen
der Jugendkultur *(Mädlerpassage, Grimmaisch Str.
2–4, www.biancabannach.de)*. Fun-Fashion: In Fräu-
lein Ostermans *Flicken Salon* shoppen Kreative
Design-Flicken, die sie zu Hause auf alte Kleider nä-

hen *(www.flicken-salon.de)*. Auf den *Designers' Open* wird das Neueste in Sachen Mode,
Produkt-, Industrie- und Kommunikationsdesign gezeigt *(www.designersopen.de)*.

▶▶ SUMMER IN THE CITY

Salsa, Sand und Sonnenbrillen

Leipzig liegt direkt am Beach? Zu-
mindest im Sommer! Da trifft
man sich nach getaner Arbeit im
Liegestuhl, entspannt mit Drinks,
Bikini und Sonnenbrille unter Mi-
nipalmen und gräbt die nackten
Zehen in den warmen Sand. Im *La
Playa Beachclub* wird das Kari-
bikfeeling noch verstärkt: Salsa-
Dancing, Beachvolleyball, Hän-
gematten und ein Pool lassen den

Großstadtalltag vergessen *(Alte Messe, www.beach-club-leipzig.de, Foto)*. Schlechtwet-
terfront in Sicht? Kein Problem: In der *Coco Bar* herrschen ganzjährig Sonnenschein und
tropische Temperaturen. Mit einem kühlen Getränk in der Hand in den Strandkörben Platz
nehmen und Summer-Feeling pur genießen. Übrigens: Die Cocktailkarte umfasst hier
mehr als 660 Drinks *(Dittrichring 17, www.coco-bar.de)*.

▶▶ WORTAKROBATEN

Jungautoren mit Visionen

Buchmesse, Literaturinstitut und die erste Tageszeitung der Welt – Lesen ist in Leipzig Pflichtprogramm. Das spornt junge Autoren wie Ulrike Almut Sandig an. Neben Lyrik und Prosa schreibt sie Hörspiele und arbeitet als Redakteurin der Literaturzeitschrift *EDIT (www.ulrike-almut-sandig.de)*. Gewagt, witzig und ungewöhnlich: die Leseshow *Turbo-prop Literatur*. Die Moderatoren Graebel und Nießen präsentieren junge deutschsprachige Literatur in Kombination mit Filmen und Quizeinlagen an wechselnden Orten *(www.turboprobliteratur.de)*. Jede Menge Lesestoff, auch aus Leipziger Feder, gibt's in der *Conne-witzer Verlagsbuchhandlung (Schuhmachergäßchen 4, www.cvb.de, Foto)*.

▶▶ FUN & ACTION

Hauptsache anders

Bewegung steht bei den Leipzigern hoch im Kurs. Dabei sind sie offen für neue, verrückte Sportarten wie *Bouncen*. Der *Sport und Bounce Club Leipzig* zeigt Interessierten wie Sie sich mit elastischen Federn an den Füßen bis zu zwei Meter in die Luft schrauben können *(www.sbc-leipzig.com)*. Frisbee als sportliche Herausforderung: Die Mitglieder von *Saxy Divers Leipzig* spielen *Ultimate Frisbee*. Beim angeblich fairsten Mannschaftssport sind Laufwege und Spielzüge genau einstudiert *(www.saxydivers.de)*. Kraft und Akrobatik sind in der *Kampfkunstschule Leipzig* beim *Wing-Tsun-Training* wichtig *(Friedrichshafenerstr. 222, www.wing-tsun-leipzig.de)*.

▶▶ ANSICHTSSACHE

Fotokunst

Die neue Künstlerriege verbindet Fotografie mit Objektkunst oder Malerei. Die Fotos von Hans Aichinger wirken wie gemalt – zu sehen sind sie in der *Märzgalerie (Spinnereistr. 7, Halle 6, www.maerzgalerie.com, Foto)*. Künstlerin Kerstin Schiefner will mit ihren Fotografien irritieren und den Betrachter in eine surreale Welt entführen *(Spinnereistr. 7, Halle 18, www.ladenfuernichts.de)*. Innovative Künstler und kreative Konzepte fördert auch die Stiftung *Federkiel*, die als Ausstellungsort für zeitgenössische Kunstprojekte dient *(Spinnereistr. 7, Halle 14, www.federkiel.org)*.

> BACH, BÜCHER UND SCHNELLE AUTOS

Buch- oder Musikstadt, Messestandort oder Keimzelle der friedlichen Revolution – in Leipzig war und ist immer was los

BACH UND DIE THOMANER

In Leipzig gibt es zwei Ikonen: den Thomanerchor und seinen berühmten Kantor Johann Sebastian Bach. Die Sängerknaben und der Maestro gehören zur Musikstadt wie der Notenschlüssel zur Partitur. Angefangen hat das Ganze im Augustiner Chorherrenstift des Markgrafen Dietrich von Meißen, 1212 im Thomaskloster gegründet. Als 500 Jahre später ein neuer Kantor gesucht wurde, war der Capellmeister Bach nur zweite Wahl. Doch Telemann, der Wunschkandidat, blieb lieber in Hamburg, und so kam Bach 1723 nach Leipzig. So innig wie man heute meinen könnte, war das Verhältnis zwischen Stadt und Thomaskantor jedoch nie. Häufig gab es Streit: um Disziplin, um Geld. Als Bach 1750 starb, wurde er

Bild: Neue Messe

STICH WORTE

an der Südmauer der Johanniskirche beigesetzt. Nach 1894 wurden seine sterblichen Überreste in einen Sarkophag in der Kirche umgebettet und 1949 in die Thomaskirche überführt. Leipzig zelebriert die musikalische Tradition im Juni mit dem Bachfest. Hinreißend sind die Thomaner-Aufführungen von Bachs Weihnachtsoratorium und das Weihnachtsliedersingen in der Thomaskirche. Gegen einen geringen Obolus kann man den

Motetten und Kantaten in der Thomaskirche lauschen *(Fr 18, Sa 15 Uhr | nicht in den Schulferien und bei Konzertreisen).*

BMW UND PORSCHE

Autos made in Saxony – das hat Tradition, seit August Horch 1904 seine Motorenwerke in Zwickau gründete.

Der bekannteste Vertreter der Neuen Leipziger Schule ist Neo Rauch

Später wurde dort der DDR-Trabi gefertigt. In Leipzigs Norden haben sich nun Porsche und BMW niedergelassen. Das hat Tausende Arbeitsplätze geschaffen und den Ruf Leipzigs als Autostadt begründet. Im Porsche-Werk wird u.a. der Geländewagen Cayenne produziert. (Besichtigungstermine: *www.porsche-leip zig.de*). BMW lässt in dem futuristischen Werk der Architektin Zaha Hadid die 1er- und 3er-Reihe bauen; 700 Fahrzeuge pro Tag sind geplant. Werksführungen: *www.bmw-werk-leipzig.de*

BUCH- UND LITERATURSTADT

Die Buchstadt Leipzig blickt auf eine stattliche Tradition zurück. Schon im 16. Jh. bescherte der Reformator Martin Luther den Leipziger Druckern mit seinen Schriften einen regelrechten Boom. Auch die erste Tageszeitung der Welt soll 1650 hier erschienen sein. Ab 1825 residierte in Leipzig der Börsenverein der Buchhändler. Die Verlage Brockhaus, Reclam, Baedeker, Insel und Seemann schrieben mit ihren Editionen und Lexika Buchgeschichte und machten die Stadt reich. Im Zweiten Weltkrieg fiel das Grafische Viertel mit unzähligen Verlagen und Druckereien 1943 einer einzigen Bombennacht in Schutt und Asche. Die Verlage zogen fort, nach der Wende mussten auch die DDR-Gründungen aufgeben. Geblieben sind wunderbare Ausstellungen in der *Deutschen Nationalbibliothek (S. 51)* und im *Museum für Druckkunst (S. 52)*. Gelesen wird in Leipzig immer noch – Tausende pilgern alljährlich zu „Leipzig liest", dem Lesefest der Leipziger Buchmesse, und in das *Haus des Buches (S. 50)*.

MESSE

Im Norden der Stadt entstand in den 1990er-Jahren eines der modernsten Messegelände des Kontinents. Charakteristisch ist die halbrunde Tunnelröhre aus Glas und Stahl. Volkwin Margs Konstruktion ist gigantisch und filigran zugleich. In nur drei Jahren wurde die Neue Messe aus dem Boden gestampft. Rund 40 Messen locken jährlich mehr als 1,6 Mio. Besucher. Höhepunkte sind die *Automobil International*, die *Leipziger Buchmesse* und die *Partner Pferd* mit prominent besetzten Turnieren und viel Showprogramm.

MONTAGSDEMOS

Das berühmte Schild „Offen für alle" steht heute noch vor der Nikolaikirche. Dort begannen in den 1980er-Jahren die Montagsdemos mit dem Friedensgebet um 17 Uhr. Eine kleine Gruppe von meist kirchlich geprägten Oppositionellen stieß einen Stein an, der die DDR ins Wanken brachte. Im Herbst 1989 schwoll der Strom der Demonstranten bis auf 100 000 Menschen an, die friedlich um den Innenstadtring zogen. Leipzig schmückt sich seither mit dem Titel „Stadt der Helden".

NEUE LEIPZIGER SCHULE

Neo Rauch ist der künstlerische Mittelpunkt, Gerd Harry Lybke die schillerndste Galeristenfigur dieser Kunstrichtung. In den 1990er-Jahren erlebte die gegenständliche Malerei in Leipzig eine Renaissance. Arno Rink und Sieghard Gille gaben an der Hochschule für Grafik und Buchkunst die Einflüsse der DDR-Maler Bernhard Heisig, Wolfgang Mattheuer und Werner Tübke weiter. Junge Maler wie Neo Rauch oder Matthias Weischer, Tilo Baumgärtel u.a. entwickelten ihre eigene Farb- und Formensprache: die „Neue Leipziger Schule" war geboren. Und die gegenständliche Leere verkauft sich bestens: Rauchs Werke erzielen mittlerweile Preise von bis zu 500 000 Dollar. Seine gigantisch großen Bilder haben es inzwischen sogar bis ins Museum of Modern Art in New York geschafft. Die große Vielfalt der Szene erlebt man am besten bei einem Besuch der Ateliers und Galerien in der alten *Baumwollspinnerei* in Plagwitz *(S. 68).*

>DAS KLIMA IM BLICK

Handeln statt reden   atmosfair

Reisen bereichert und verbindet Menschen und Kulturen. Jedoch: Wer reist, erzeugt auch CO_2. Dabei trägt der Flugverkehr mit bis zu 10 % zur globalen Erwärmung bei. Wer das Klima schützen will, sollte sich somit nach Möglichkeit für die schonendere Reiseform (wie z.B. die Bahn) entscheiden. Wenn keine Alternative zum Fliegen besteht, so kann man mit *atmosfair* handeln und klimafördernde Projekte unterstützen.

atmosfair ist eine gemeinnützige Klimaschutzorganisation.

Die Idee: Flugpassagiere spenden einen kilometerabhängigen Beitrag für die von ihnen verursachten Emissionen und finanzieren damit Projekte in Entwicklungsländern, die dort helfen, den Ausstoß von Klimagasen zu verringern. Dazu berechnet man mit dem Emissionsrechner auf *www.atmosfair.de,* wie viel CO_2 der Flug produziert und was es kostet, eine vergleichbare Menge Klimagase einzusparen (z.B. Berlin–London–Berlin: ca. 13 Euro). *atmosfair* garantiert, unter der Schirmherrschaft von Klaus Töpfer, die sorgfältige Verwendung Ihres Beitrags. Auch der MairDumont Verlag fliegt mit *atmosfair.*

Unterstützen auch Sie den Klimaschutz: *www.atmosfair.de*

MESSEN, MUSIK, FILME, BÜCHER ...

In Leipzig ist das ganze Jahr über was los

> Im Frühjahr ist Lesezeit, im Sommer gibt es Open-Airs in allen erdenklichen Varianten. Der Herbst setzt die Kulturhöhepunkte des Jahres.

FEIERTAGE

1. Jan. *Neujahr;* **Karfreitag; Ostermontag; 1. Mai** *Tag der Arbeit;* **Christi Himmelfahrt; Pfingstmontag; 3. Okt.** *Nationalfeiertag;* **31. Okt.** *Reformationstag;* **Buß- und Bettag; 25./26. Dez.** *Weihnachten*

FESTE UND VERANSTALTUNGEN

Januar

Weltcup-Turniere und fulminante Shows begeistern Laien und Kenner auf der Messe *Partner Pferd;* vier Tage internationales Flair.

März

⭐ Zur *Leipziger Buchmesse* schlagen Autoren auf dem Messegelände und in der Stadt beim Festival „Leipzig liest" neue Seiten auf.

April

Zu Ostern führen Thomanerchor und Gewandhausorchester in der Thomaskirche die Matthäus- bzw. Johannespassion auf, und auf dem Markplatz laden Schausteller und Krämer zur Ostermesse. Stimmungsvoll: *Leipziger Museumsnacht, www.nachtschicht-leipzig.de* **Ins' Ti**

Mai/Juni

⭐ Zum *Bachfest* treffen sich Musikfreunde aus aller Welt. *www.bach-leipzig.de*
Mit den *Richard-Wagner-Festtagen* feiert die Stadt ihren Sohn mit unkonventionellen Veranstaltungen. *www.wagner-festtage.com*
Wave-Gotik-Treffen zu Pfingsten. Das ist Leipzigs „fünfte Jahreszeit", schwarz-romantisch gekleidete Menschen bevölkern die Straßen. *www.wave-gotik-treffen.de*
Beim *Seifenkistenrennen* am Fockeberg **Ins' Ti** starten tollkühne Menschen in verrückten Kisten.

Aktuelle Events weltweit auf www.marcopolo.de/events

> EVENTS
FESTE & MEHR

Juli/August

Ob *Orgelsommer*, *Freilichtkino*, *Classic Open* oder *Sommertheater*: An jeder Ecke der Innenstadt kann man es sich kulturell gut gehen lassen. Zur *Balloon Fiesta Leipzig* treffen sich Ballonfahrer aus ganz Europa. Höhepunkt ist das Ballonglühen, wenn die Ballons wie Laternen den Nachthimmel erleuchten. Fotokunst wird beim Festival *F/Stop* mit einem spannendem Rahmenprogramm gezeigt.

September

Unter dem Motto „Klassik airleben" musiziert das Gewandhausorchester an Plätzen, in Höfen und Passagen. Eine Konzertreihe ehrt Gewandhauskapellmeister Felix Mendelssohn Bartholdy.

Oktober

Zur *Lachmesse* tummelt sich alles, was in Deutschlands Kabarett- und Comedyszene Rang und Namen hat, in der Messestadt.

Zum *Internationalen Festival für Dokumentar- und Animationsfilm* bevölkern Cineasten und Journalisten aus aller Welt die Stadt.

Um die *Völkerschlacht* aufleben zu lassen, treffen sich Traditionsgruppen in historischen Uniformen zum Biwak rund um das Torhaus Dölitz im Süden von Leipzig.

Zur *Grassimesse* wird im Museum exklusives Design gezeigt und verkauft.

November

Die *euro-scene* holt als Festival zeitgenössischen europäischen Theaters exzellente Aufführungen nach Leipzig.

Dezember

Vorm Alten Rathaus ist der *Leipziger Weihnachtsmarkt* am schönsten. Die Thomaner singen in der Thomaskirche das Weihnachtsoratorium.

„Gans ganz anders" in der historischen Kongresshalle am Zoo: Symbiose aus Menü und Show.

Insider Tipp

Entdecken Sie zauberhafte Bauten, lebhafte Passagen und herrliche Grünanlagen!

> **Wer schon einmal hier war, wird feststellen: Es hat sich unheimlich viel verändert in den letzten Jahren. Und es ist immer noch alles in Bewegung. Ganz nebenbei hat sich Leipzig in den letzten Jahren zu einer quicklebendigen Einkaufsstadt gemausert.**

Die Gerüste sind größtenteils gefallen, und hervor kamen wunderschöne Passagen, Kaufhäuser und schicke Cafés. Die Innenstadt ist zu einem wahren Juwel geworden und lädt in einem überschaubaren Radius zum Bummeln, Shoppen, Entdecken und Genießen ein.

Die konzentrierte Dosis Leipzig finden Sie in der Innenstadt, doch auch die Viertel auf der anderen Seite des Rings sind einen Spaziergang wert. Frisch renoviert lädt das Grassimuseum mit gleich drei Sammlungen ein. Erleben Sie das 19. Jh. in der Beletage von Robert Schumann und Felix Mendelssohn Bartholdy, und

Bild: Alte Börse am Naschmarkt

SEHENS WERTES

bestaunen Sie die prächtigen Bürgervillen der Gründerzeit.

Fast überall in Leipzig wird Musik gemacht – sei es im Bundesverwaltungsgericht, im Völkerschlachtdenkmal, in den Kirchen oder im Gohliser Schlösschen. Immer sind die Konzerte auf hohem Niveau, oft von Gewandhausmusikern unterstützt. Es lohnt sich, die Besichtigung mit einem solchen Erlebnis der besonderen Art zu verbinden.

DIE LEIPZIGER CITY

> Wie pulsierende Lebensadern durchziehen sie die City: In den Lichthöfen historischer und moderner Passagen kristallisiert sich das Großstadtleben. Shopping, Studium, Kino, Kaffeehaus – alles ist auf engem Raum aufs Schönste vereint. Im Vorbeigehen erkunden sie auf Schritt und Tritt ehemalige Messepaläste

LEIPZIG IM ÜBERBLICK

Leutzsch

Driesch-Str.

Schwarz-Str.

Zentral-
stadion ■

WESTLICH DER CITY
Seite 40

Lützner Str.

K. Kollwitz-Str.

[87]

**Plag-
witz**

SÜDLICH DER CITY
Seite 43

Rennbahn ■
Scheibenholz

Schleußig

**Klein-
zschocher**

Diezkaustr.

Weiße Elster

DIE LEIPZIGER CITY
Seite 23

[2]

Berliner Str.

Gorkistr.

2 km

Eisenbahnstr.

Wurzene

Dresdner Str.

**SÜDÖSTLICH
DER CITY**
Seite 47

Phil.-Rosenthal-Str.

Prager Str.

Thonbe

**Wundt-
str.**

Alte Messe ■

Richard-Lehmann-Str.

Stötter

[2]

Connewitz

Völker- ♟
schlachtdenkmal

Prage

Die Karte zeigt die Einteilung der interessantesten Stadtviertel. Bei jedem Viertel finden Sie eine Detail-
karte, in der alle beschriebenen Sehenswürdigkeiten mit einer Nummer verzeichnet sind

und neue „Handelshöfe". Eine kleine Museumstour ist schnell zusammengestellt und führt Sie in die DDR- und Wendegeschichte, zu Bach oder großen Malern. Sehen sie selbst!

1 ÄGYPTISCHES MUSEUM   [108 C3]
Klein aber fein, so präsentiert sich die Leipziger Universitätssammlung im Interim. Alltag und Kunstschaffen der Ägypter vom 4. Jahrtausend v. Chr. bis in die christliche Periode im 1. Jahrtausend spiegeln sich in der Auswahl der bedeutendsten Sammlungsstücke wider. Neben Königs- und Privatstatuetten, Schmuck und Gefäßen finden Sie ein Glanzstück der Sammlung als Nachbildung: den

kostbar bemalten, rund 4000 Jahre alten äußeren Sarg des Totenpriesters Herischef-Hotep aus Abusir. Stilvolle Souvenirs im kleinen Museums-Shop im Foyer. *Di–Sa 13–17, So 10–13 Uhr | Führungen jeden 2. Sa (15 Uhr) und 4. So (11 Uhr) im Monat (im März, Juni, Sept. und Dez. sind die Sonntagsführungen speziell für Kinder) | Eintritt 2 Euro | Burgstr. 21 | www.uni-leipzig.de/~egypt | Straßenbahnen 2, 8, 9, 10, 11, Wilhelm-Leuschner-Platz*

**2 ALTE BÖRSE UND
NASCHMARKT**   [108 C2]
Wie eine kleine Schatztruhe steht das reich verzierte Gebäude an der Stirn-

> www.marcopolo.de/leipzig

seite des Naschmarkts. Der erste Barockbau Leipzigs entstand 1678/79 auf Drängen der Kaufleute, die ihre Geschäfte nicht länger in der engen Holzbude auf dem Markt tätigen wollten. Geld und Neuigkeiten wechselten fortan im Obergeschoss der Börse die Besitzer. In den Gewölben boten Kaufleute ihre Waren feil. Genascht wurde auf dem Platz immer: Früher brachten Salz- und Brotverkäufer sowie Garküchen ihre Speisen unters Volk. Heute sitzt man gern an Cafétischen zu Füßen des Goethe-Denkmals. Wer genau hinschaut, entdeckt am Sockel die Dichter-Freundinnen Friederike Oeser und Käthchen Schönkopf. Schöngeistiges auch in der Börse: Im Saal finden Konzerte und Lesungen statt. *Naschmarkt | alle Straßenbahnen ins Zentrum, Goerdelerring | Bus 89, Markt*

3 ALTES RATHAUS UND STADT-GESCHICHTLICHES MUSEUM [108 C3]

Haben Sie's bemerkt? Der Turm des Alten Rathauses steht nicht in der Mitte der 90 m langen Fassade. Baumeister Hieronymus Lotter errichtete das Gebäude 1556 auf den Grundmauern des gotischen Rathauses. Und da lag dort das Treppenhaus, wo sich heute das Türmchen erhebt. Das Alte Rathaus zählt zu Deutschlands schönsten Renaissancebauten. Für die Dauerausstellung des Stadtgeschichtlichen Museums ist es der edle Rahmen. Leipzigs Bürgerstolz

MARCO POLO HIGHLIGHTS

★ **Bundesverwaltungsgericht**
Architektonisch opulent wie Berlins Reichstag (Seite 44)

★ **Grassimuseum**
Völkerkunde, Musikinstrumente und Kunsthandwerk unter einem Dach (Seite 49)

★ **Clara-Zetkin-Park**
Stadtpark Nummer eins, nahe der City (Seite 45)

★ **Neue Messe**
Kristallpalast des 20. Jhs., gigantisch und schön (Seite 52)

★ **Nikolaikirche**
Älteste erhaltene Stadtkirche. Keimzelle der friedlichen Revolution von 1989 (Seite 36)

★ **Mädlerpassage und Messehofpassage**
Ein Hauch von Mailand: elegant, mondän (Seite 32)

★ **Thomaskirche**
Auf immer verbunden mit den Thomanern und Johann Sebastian Bach (Seite 38)

★ **Völkerschlachtdenkmal**
Herrlicher Blick von der Aussichtsplattform (Seite 53)

★ **Museum in der „Runden Ecke"**
Zeitgeschichte zum Anfassen in der früheren Stasi-Zentrale am Ring (Seite 35)

★ **Museum der bildenden Künste**
Meisterwerke europäischer Malerei (Seite 34)

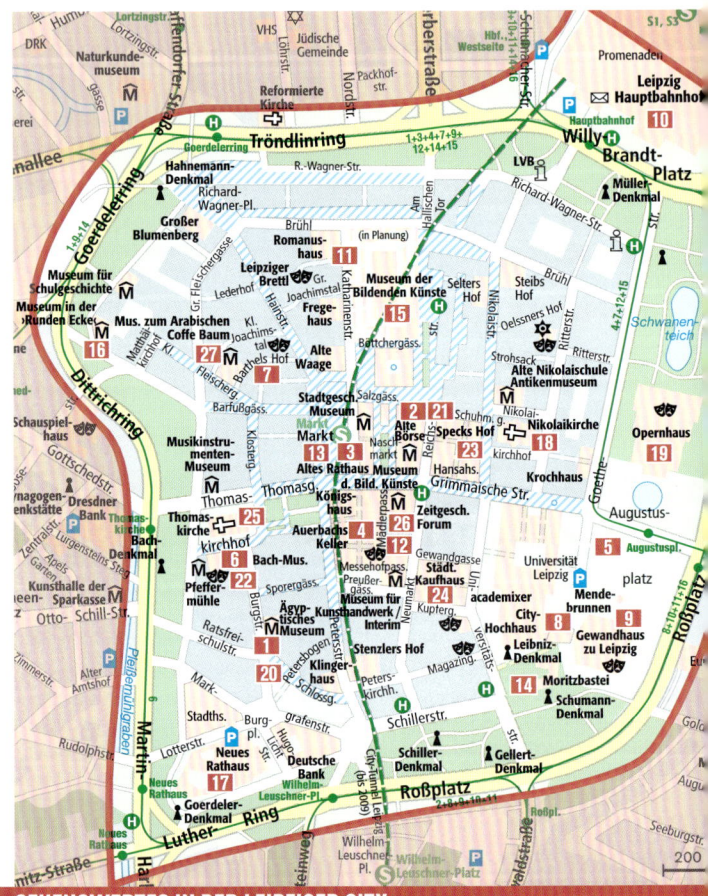

Durch diese Gewölbe weht der Hauch der Geschichte: Auerbachs Keller

spiegelt schon der 53 m lange Fest-
saal. Am Nordende des Saals ist die
Renaissance-Musikempore erhalten,
von der Stadtpfeifer zum Tanz auf-
spielten. Das Gesamtbild dominieren
die Fürstenbilder und Porträts der
Leipziger Stadtrichter. In der Rats-
stube spielte sich die Arbeit zwischen
Akten und Tintenfass ab. Der kost-
bare, intarsienverzierte Aktenschrank
stammt von 1592. Hier hängt auch
das weltbekannte zeitgenössische
Bach-Porträt des sächsischen Hof-
und Ratsmalers Elias Gottlob Haus-
smann. Weitere Ausstellungshöhe-
punkte sind das dreidimensionale
Stadtbild von 1823, die Modelle des
ursprünglichen Gewandhaussaales
und der Alten Oper sowie der Ehe-
ring von Martin Luthers Frau Katharina von Bora. Von der Stadtwerdung
bis zur Völkerschlacht bekommen

Sie Einblicke in das Alltagsleben der
Messestädter. Ebenfalls gesell-
schaftsnah und pfiffig sind die
Sonderausstellungen im „Labor" des
Museums (Neubau im Böttchergäss-
chen 3). *Di–So 10–18 Uhr | Eintritt 4
Euro | Altes Rathaus | Markt 1 | alle
Straßenbahnen ins Zentrum, Goerde-
lerring | Bus 89, Markt*

4 AUERBACHS KELLER [108–109 C–D3]

Leipzigs berühmteste Schankstube,
in der sich Faust-Mythos und Gast-
haustradition zu einem belebenden
Elixier vermischen. Angefangen hat
alles mit Heinrich Stromer aus dem
Städtchen Auerbach in der Ober-
pfalz. Er betrieb zu Beginn des
16. Jhs. einen Ausschank in den Kel-
lergewölben. 100 Jahre später machten die Geschichten vom Leipziger

Fassritt des Schwarzmagiers Faust die Runde. Flugs beauftragte Stromers Urenkel den Maler Andreas Brettschneider, Bilder vom Fassritt zu malen, und datierte sie vor auf 1525. Von Auerbachs Aura ließ sich auch Goethe beeindrucken: Die Gaststube wurde ein Schauplatz im „Faust". Beim Essen in den schön sanierten Gewölben *(s. S. 58)* bezahlt man den Faust-Mythos leider mit. *Halbstündige Führung tgl. 11 Uhr (mit Tagesgericht 15 Euro) und 15 Uhr (mit Kaffee und Kuchen 10 Euro) | Anmeldung: Tel. 2 16 1 00 | Mädlerpassage | alle Straßenbahnen ins Zentrum, Augustusplatz*

5 AUGUSTUSPLATZ [109 D–E3]

Zehntausende standen hier im Wende-Herbst 1989 dicht gedrängt zu den Abschlusskundgebungen der Montagsdemonstrationen. Das allein verdeutlicht die Dimensionen des markanten Platzes, der mit dem Neu-

bau des Unicampus wieder einmal sein Gesicht erneuert. Die Fläche zwischen Oper und Gewandhaus umfasst ca. 4 ha. Mit der Straßenbahntrasse in der Mitte, direkt am Ring gelegen, war der Platz schon immer ein pulsierender Knotenpunkt, umgeben von aufwändigen Bauten: An Stelle der Oper stand das klassizistische Neue Theater, statt Gewandhaus gab es ein prächtiges Bildermuseum und an der Westseite das prunkvolle Augusteum. Der schmerzlichste Einschnitt für viele Leipziger: Für den DDR-Unicampus sprengte das SED-Regime 1968 die Paulinerkirche an der Südwestseite des Platzes. Mit dem Campusneubau kehrt sie als Zitat zurück: Der holländische Architekt Erick van Egeraat entwarf das moderne Uni-Ensemble, in dem die Kirchenfassade angedeutet wird. 1998 gestaltete Bernhard Winkler den Platz zu einem Ort des Verweilens um. Im Sommer waten nicht nur

Den Mittelpunkt des Augustusplatzes bildet der restaurierte Mendebrunnen

SEHENSWERTES

Kinder durch das flache Brunnenbecken vor der Oper. Der Mendebrunnen ist das liebevoll restaurierte historische Pendant von 1886, gestiftet von der Schönefelder Gutsbesitzerin Marianne Pauline Mende. Er zeigt die Meereswelt im Kleinen. *Alle Straßenbahnen ins Zentrum, Augustusplatz*

6 BACHMUSEUM
IM BOSEHAUS   [108 C3]

Mit der Familie des Handelsherrn Georg Heinrich Bose war Bach befreundet, er musizierte oft im Sommersaal. Bose ließ das Renaissancegebäude aus dem 16. Jh. 1711 barock umbauen. 1985, zum 300. Geburtstag Bachs, zog das Bach-Archiv ein. Das Institut unterhält eine wissenschaftliche Bibliothek (10 000 Musikdrucke, 5500 Tonträger) und besitzt eine Sondersammlung von Bach-Handschriften. Das Museum wächst zu einem repräsentativen Bach-Zentrum.

Bisher war hier zum Beispiel eine liebevolle Ausstellung von Musikinstrumenten der Bachzeit zu sehen. In Sonderausstellungen werden auch lichtempfindliche Autografe der Öffentlichkeit zugänglich gemacht. Diese bekommen in Zukunft eine „Schatzkammer". Im Sommersaal (wöchentliche Konzerte) gibt ein Seilzug die historische Echokammer *Insider Tipp* frei – so entstehen musikalische Effekte. Vor dem Museum steht seit kurzem eine Replik des Mendelssohn-Denkmals. Das Original wurde 1936 von den Nazis zerstört. Sommersaal und Museum sind bis Frühjahr 2010 wegen Umbaus geschlossen. Nebenan im Thomaskirchhof 13/14 kleine Auswahl der Sammlung *(Eintritt frei). Thomaskirchhof 15–16 | www.bach-leipzig.de | Straßenbahn 9, Bus 89, Thomaskirche*

7 BARTHELS HOF   [108 C2]

Der letzte typische Handelshof Leipzigs gehört zu den schönsten Häusern der Innenstadt. Seit 1997 erstrahlt der 500 Jahre alte Gebäudekomplex saniert in neuem Glanz. Das historische Gasthaus sowie Mode-, Schmuckläden und Kunsthandwerk machen den Hof attraktiv. Viel bewundert ist der prunkvolle Erker des Hauses „Zur goldenen Schlange" (Hofseite Hainstraße). Seit 1523 windet sich das glänzende Reptil am Erker empor, der ursprünglich an der Renaissancefassade zur Marktseite angebracht war. Kaufmann und Bauherr Gottfried Barthel gab dem Komplex im 18. Jh. die heutige Struktur. Lebhaft ging es damals während der Messen zu. Pferdefuhrwerke ratterten durch das „Durchhaus", die

Kaufleute hatten ihre Gewölbe im Erdgeschoss, Wohnungen lagen in den Obergeschossen. Ein weiterer Durchgang Richtung Hainstraße führt in den wesentlich kleineren *Webers Hof.* Wer durch das Sandsteinportal (19. Jh) auf die Hainstraße tritt, sollte sich umdrehen und einen Blick auf den frühbarocken Kastenerker werfen. Der kunstvolle Holzerker ist reich geschmückt, z.B. mit Girlanden und Füllhörnern. *Hainstr. 1 und 3 | Kleine Fleischergasse | alle Straßenbahnen ins Zentrum, Goerdelerring*

8 CITY-HOCHHAUS ☀   **[109 D3]**

Das höchste Gebäude der Stadt: Mit 142 m ragt der ehemalige Uniriese in die Leipziger Skyline. Als Teil des Universitätskomplexes der 1970er-Jahre symbolisierte er ein aufgeschlagenes Buch. Die Uni ist ausgezogen, der Turm heute ein Bürogebäude mit Panoramarestaurant, Bar und Lounge auf 120 m und Aussichtsplattform auf 130 m Höhe. *Plattform Mo–Do 11–24, Fr/Sa 11–1, So 9–23 Uhr | 2 Euro | Augustusplatz | alle Straßenbahnen ins Zentrum, Augustusplatz*

9 GEWANDHAUS   **[109 D3-4]**

Am schönsten ist das 1981 eingeweihte Konzerthaus abends: Dann flutet das Licht aus den verglasten Foyers über den Augustusplatz. Blickfang ist das überdimensionale Deckenbild: Auf 700 m^2 schuf Sieghart Gilles den „Gesang vom Leben". Der erste Konzerthallenbau der DDR hat eine ausgezeichnete Akustik. Das Herzstück ist der sechseckige, große Konzertsaal mit der mächtigen Schuke-Orgel (92 klingende Register, 6638 Pfeifen). Berühmte Kapell-

> ZUSCHAUERSPORT
Von Bällen, Pucks und schnellen Pferden

Leipzig hat mit dem *Zentralstadion* (45000 Sitzplätze) **[111 D5]** ein hochmodernes Fußballstadion. Doch Leipzigs Fußball dümpelt zurzeit in der Oberliga und hat nach Straßenschlachten rivalisierender Fans nicht den allerbesten Ruf. Neue Hoffnung bringt RB Leipzig, dem Sponsor Red Bull Kraft einhauchen will. Die Handball-Damen des HC Leipzig dagegen sind spitze in der Bundesliga. *(Arena | Am Sportforum 2–3 **[111 E6]** | Straßenbahnen 3, 7, 8, 13, 15, Sportforum | Tickets für alle Veranstaltungen: www.sportforum-leipzig.com).* Ein echter Geheimtipp und Kracher für die Zuschauer sind die Regionalliga-spiele des Eishockeyteams Blue Lions *(Tickets 10 Euro | Tel. 2308552 | Blue Lions Eisarena | Alte Messe | Halle 6 | Deutscher Platz 4 **[116 C3]** | Straßenbahn 16, Tierkliniken).* Beliebt ist die Messe „Partner Pferd", die mit hochkarätigen Turnieren (Springen, Dressur, Western) im Januar die Reitsportfans anzieht *(Leipziger Messe | Messe-Allee 1 **[120 B2]**).* Familiär und leger geht es bei den Pferderennen auf der alten *Galopprennbahn Scheibenholz* **[115 E2]** zu, Saisonstart ist immer der 1. Mai *(Rennbahnweg | Bus 89, Telemannstraße | Tickets 5 Euro | www.galoppimscheibenholz.de).*

Konzertpause im Gewandhaus: Die Besucher flanieren durchs Foyer

meister waren Felix Mendelssohn Bartholdy, Wilhelm Furtwängler und Bruno Walter, den die Nazis 1933 aus dem Amt drängten. Durch die Wendezeiten führte Kurt Masur. Das Haus vis-à-vis der Oper ist schon die dritte feste Spielstätte des Leipziger Orchesters. Ursprünglich musizierte es ab 1781 im umgebauten Saal des Messehauses der Tuchmacher (heute Städtisches Kaufhaus), daher kommt der Name Gewandhaus-Orchester. Ein Jahrhundert später bekamen die Musiker dann ihre eigene Spielstätte in der Beethovenstraße. Der klassizistische Bau wurde im Zweiten Weltkrieg zerstört. *Augustusplatz | alle Straßenbahnen ins Zentrum, Augustusplatz*

10 HAUPTBAHNHOF [109 D–E1]

Hinter den historischen Mauern (1909–13) verbergen sich 24 Bahnsteige und ein modernes Dienstleistungszentrum. 1997 eröffnete unter dem Namen „Promenaden Hauptbahnhof" eine Mall mit Boutiquen, Cafés, Drogerien und mehr, eingelassen in den 270 m langen Querbahnsteig. Freitreppen, Wartesäle und die imposanten Eingangshallen präsentieren sich historisch genau saniert. Das monumentale Bauwerk steht auf 3125 Stahlbetonpfählen, gerammt in den sumpfigen Grund der Parthe-Niederung. *Willy-Brandt-Platz | alle Straßenbahnen ins Zentrum, Willy-Brandt-Platz*

11 KATHARINENSTRASSE [108 C2]

Vom Markt führt die Katharinenstraße Richtung Brühl. Proben Sie Perspektivwechsel: Zuerst sehen Sie das hochmoderne Bildermuseum. Von dort schweift der Blick an einem Ensemble barocker Bürgerhäuser entlang. Herausragend: Das Fregehaus mit dem steilen Satteldach, Dachgau-

ben und seinem prächtigen Kastenerker (Katharinenstraße 11). 1782 erwarb Bankier Christian Gottlob Frege das Kaufmannshaus mit der reichen Ausstattung: Delfter Fliesen, bemalte Balkendecken, Wandtäfelungen. Heute logiert hier die Galerie am Sachsenplatz. An der Ecke zum Brühl entdecken Sie das Romanushaus, ein opulent gestaltetes Palais, das 1703 städtebauliche Maßstäbe setzte. Allein: Auftraggeber Franz Conrad Romanus „finanzierte" die damals ungeheuren Kosten von 150 000 Talern über ungedeckte Stadtschuldscheine. Das flog auf,

>LOW BUDGET

> Eintritt frei zur großen Kunst: Jeden 2. Mi im Monat können Sie das *Museum der Bildenden Künste* [108 C2] kostenlos besichtigen *(S. 34)*!

> Für die große Museumstour gibt's ein Kombiticket: Das Musikinstrumentenmuseum im Grassi, das Bachmuseum, das Schumann- und das Mendelssohn-Haus können Sie damit für 9,50 Euro besichtigen.

> Keinen Cent zahlen Sie jeden 1. Mi (17 Uhr) im Monat für den Blick in die Gefängniszellen oder die Schatzkammer des *Alten Rathauses* [108 C3]. Der Museumsdirektor persönlich führt Sie herum *(S. 25)!*

> Sa für 3,50 Euro ins *Gewandhaus* [109 D3–4]? Statt eines goßen Konzerts gibt's für kleines Geld um 15 Uhr die Führung durch das Haus.

> Musikgenuss: Sa um 15 Uhr erleben Sie den Thomanerchor zur Motette in der *Thomaskirche* [108 C3]. Kosten: 2 Euro für das Programmheft.

und so ließ August der Starke 1705 seinen einstigen Günstling lebenslang in die Festung Königstein werfen. Leipziger verbinden das Palais mit dem legendären Richterschen Kaffeehaus (1784). *Katharinenstraße | alle Straßenbahnen ins Zentrum, Goerdelerring*

12 MÄDLERPASSAGE UND MESSEHOFPASSAGE ★ [108–109 C–D3]

Weltstädtisches Flair wie keine andere Verkaufsmeile der Stadt strahlt die elegante Mädlerpassage aus. Kofferfabrikant Anton Mädler ließ den lichten Durchgang 1912 nach dem Vorbild der Mailänder Galleria Vittorio Emanuele II bauen. Die Geschichte des Hauses lässt sich am Portal Grimmaische Straße ablesen: Die Sandsteinfiguren mit Vase und Weintrauben erinnern daran, dass der Bau einst als Weinkeller und Porzellanmesshaus genutzt wurde. Der Messepalast ersetzte Auerbachs Hof aus dem 16. Jh. *Auerbachs Keller*

Fast wie in Mailand: Straßencafé in der Mädlerpassage

zieht viele Schaulustige an. Die Grimmaische Straße mausert sich zur beliebten Einkaufsstraße. Blickfang am Haus Nr. 17 ist der Fürstenhauserker, der nur noch als Kopie erhalten ist. Ein Durchgang führt von der Mädler- in die Messehofpassage: moderne Passagenarchitektur vom Feinsten (Achitekten: Weis & Volkmann, Leipzig). Von der nüchternen 50er-Jahre-Anmutung des ehemaligen Messehofs blieb nach der Sanierung 2006 nur die Pilzsäule aus Marmor übrig. Neu ist ihr Lichtspiel in wechselnden Farben, eine Einstimmung auf die von Tageslicht durchflutete, überdachte Shoppingmeile zum Neumarkt. Wer stilvolle Mode liebt und schöne Wohnaccessoirs, fühlt sich gleich wohl. Hier kann man zum Kaffee mitten in der Passage in Lounge-Atmosphäre auf dem Sofa lümmeln. *Petersstr. 15/Grimmaische Str. 3–4/Neumarkt 14 | alle Straßenbahnen ins Zentrum, Augustusplatz*

13 MARKT [108 C3]

Das Herzstück der Innenstadt: zentraler Treffpunkt und Ort für Feste vor der malerischen Kulisse des Renaissance-Rathauses. Ab dem 15. Jh. bauten Kaufleute hier ihre Häuser. Das Waageamt (Ecke Katharinenstraße) gehörte zu den wichtigsten öffentlichen Gebäuden. Kein Kaufmann, der Waren nach Leipzig brachte, kam an dem Haus vorbei, und die Zollabgaben füllten das Stadtsäckel. Im 17. Jh. zog das erste Leipziger Postamt, im 20. Jh. das Messeamt in die „Alte Waage". Sehenswert ist die historische Fassade mit dem Staffelgiebel. Der Markt war bis 1824 auch Schauplatz von Hinrichtungen. Als letzter wurde der Perückenmacher Woyzeck enthauptet, weil er seine Geliebte erstochen hatte. Georg Büchners gleichnamiges Drama machte Woyzeck weltbekannt. Im Zweiten Weltkrieg verlor der Markt teilweise sein Gesicht: Vier historische Bauten auf der Westseite wurden zerstört. Die neue Marktgalerie (2001–03) zitiert mir ihrer gegliederten Fassade, mit Eck-Erkern und Dachgauben die Geschichte *(Markt 11–15)*. Gleichzeitig schuf Architekt Christoph Mäckler eine leipzigtypische Passage mit dem Großstadtflair des 21. Jhs.: Verbindung zur Klostergasse mit Geschäften, Bar (Livemusik) und Sushi-Restaurant. Daneben schließt sich die ruhige *Handwerkerpassage (1845/46)* an *(Markt 10)*. Unter dem Markt geht es ebenfalls geschäftig zu: Hier entsteht derzeit der City-Tunnel, ein 600-Mio.-Euro-Projekt, das die Nord-Süd-Verbindung per Bahn direkt durch die Stadt führt. Ab 2010/11 sollen unter dem Markt Regionalzüge und S-Bahnen halten. *Markt | alle Straßenbahnen ins Zentrum, Goerdellerring*

14 MORITZBASTEI [109 D4]

Der bekannteste Studentenclub der Stadt ist labyrinthisch im alten Gemäuer der Bastei aus dem 16. Jh. angelegt. Vom Frühstück über Lesungen und Konzerte bis zur Disko am späten Abend ist hier immer was los. Kurfürst Moritz von Sachsen hatte seinerzeit Leipzigs Baumeister Hieronymus Lotter beauftragt, den Ort wehrhaft auszubauen. Später entstand auf den Grundmauern die erste Bürgerschule der Stadt. Nach dem Zweiten Weltkrieg überwucherte lange Grün die Trümmer, bevor in den 1970er-Jahren die Stunde der Studenten schlug: 1974 guckten sie das Gelände für ihren Club aus. 1982 wurde der Gesamtbau eröffnet. *Universitätsstr. 9 | www.moritzbastei.de | Straßenbahnen 2, 9, 16 Roßplatz*

15 MUSEUM DER BILDENDEN KÜNSTE ⭐ [108 C2]

Das Bildermuseum gehört zu den wichtigsten Kulturstätten der Stadt. Das unterstreicht die zentrale Lage des kubusförmigen Neubaus auf dem Sachsenplatz. Von den weiten Kunstsälen im Unter- und Obergeschoss über Lichthöfe und schier unendliche Treppenhäuser bis in die Winkel kleiner Ausstellungsräume ermöglicht das Bildermuseum einen Streifzug durch die Kunstgeschichte von den Alten Meistern bis zur Gegenwartskunst. Die Bestände des Museums umfassen ca. 3000 Gemälde plus 55 000 Zeichnungen und druckgrafische Blätter! Einen Schwerpunkt bilden die Werke Lucas Cranachs d. Ä. Die flämische Malerei des 17. Jhs. ist mit Gemälden von Rubens und aus der Rubens-Werkstatt vertreten. Den Weg ins 20. Jh. markieren der Leipziger Künstler Max Klinger sowie Max Liebermann, Lovis Corinth, Oskar Kokoschka und Max Beckmann. Natürlich ist im Bereich der DDR-Kunst die Leipziger Schule vertreten, u.a. mit Werken von Wolfgang Mattheuer oder Bernhard Heisig. Neo Rauch spielt für die Gegenwartskunst eine herausragende Rolle. Außerdem hat BMW dem Museum die „AutoWerke" geschenkt, 75 Foto- und Videoarbeiten international anerkannter Künstler zum Thema Mobilität. Die zeitgenössische Kunst war den Museums-Gründervätern im Leipziger Kunstverein ein Herzensanliegen. 1848 eröffneten sie im Westflügel der Bürgerschule das erste Bildermuseum der Stadt. Nach dem Zweiten Weltkrieg war das Museum im ehemaligen Reichsgericht am Simsonplatz untergebracht. *Di, Do–So 10–18, Mi 12–20 Uhr | Eintritt 11 Euro (Sammlung und Wechselausstellung) | am 2. Mi im Monat Eintritt frei | www.mdbk.de | alle Straßenbahnen ins Zentrum, Hauptbahnhof*

16 MUSEUM IN DER „RUNDEN ECKE" ★ [108 B2]

Wendegeschichte in Reinkultur. In der Nacht zum 5. Dezember 1989 be-

Museum der Bildenden Künste: Installation

setzten engagierte Bürger nach einer Montagsdemonstration das Stasigebäude am Dittrichring und machten der Angstherrschaft des DDR-Ministeriums für Staatssicherheit ein Ende. „Macht und Banalität" heißt die Ausstellung, die das Bürgerkomitee Leipzig in den nüchternen Amtsstuben des Überwachungsapparats eröffnete. In einem denkbar tristen Ambiente bewahren die Dokumente von Bespitzelung, Akteneinsicht und die Plakate ihren Charakter von „Indizien des Verbrechens". Der Nachbau einer Zelle für politische Gefangene und Erläuterungen zum Gefängnisalltag lassen die Pein der Betroffenen nur ahnen. *Tgl. 10–18 Uhr | Eintritt frei | Dittrichring 24 | Straßenbahn 9, Bus 89, Thomaskirche*

17 NEUES RATHAUS [108 C4]

Mit trutzigem Turm und verspielter Fassade bietet das Neue Rathaus am südlichen Innenstadtring einen imposanten Anblick – und wird oft für älter als das kleine Renaissancerathaus am Markt gehalten. Es entstand jedoch erst 1897 unter Stadtbaudirektor Hugo Licht. Das Neue Rathaus steht auf dem Gelände der alten Pleißenburg, die als Zwingburg und Kaserne diente. Deren Turm wurde auf 115 m erhöht. Damit ist er noch heute das zweithöchste Gebäude der Innenstadt *(Rathaustour mit Turmbesteigung Do 14 und So 11 Uhr | 7,50 Euro)*. Sehenswert sind die hohen Wandelhallen; den Ratsplenarsaal ziert eine vergoldete, bemalte Kassettendecke. *Mo–Do 7–18, Fr 7–15 Uhr | Martin-Luther-Ring 4–6 | Straßenbahnen 2, 8, 9, Bus 89, Neues Rathaus*

18 NIKOLAIKIRCHE ⭐ [109 D3]

Friedensgebete, Lichterketten, Demonstrationen – seit dem deutsch-deutschen Wendeherbst 1989 ist St. Nikolai als Keimzelle der friedlichen Revolution international bekannt. Schon immer spielte die älteste erhaltene Kirche Leipzigs eine wichtige Rolle im politischen Leben. In der Nähe der Kirche siedelten sich im 12. Jh. verstärkt Kaufleute an – ihrem Schutzpatron Nikolaus ist sie geweiht. In der Nachbarschaft entstand 1512 mit der Alten Nikolaischule (heute Kulturcafé und Museum) die erste stadteigene Bildungsstätte. In der Nikolaikirche bestand J. S. Bach seine Probe fürs Kantorenamt. Ursprünglich ist die gedrungene romanische Westfront. Erst 1555 entstand der Mittelturm, der zu Beginn des 18. Jhs. seine barocke Haube bekam und auf 75 m erhöht wurde. Innen betört die größte Kirche der Stadt durch ihre lichte Gestaltung. Aus korinthischen Säulen scheinen Palmwedel zu sprießen. Auf diese Weise verwandelte Stadtbaudirektor Dauthe 1784–97 die gotische Hallenkirche in ein klassizistisches Meisterstück. Das Altarbild stammt von A. F. Oeser. Auch heute noch versammeln sich Gläubige montags um 17 Uhr zu Friedengebeten. Ab 20 Uhr erleuchten nach und nach 144 farbige Lichtsteine den Platz. Die Lichtinstallation von Tilo Schulz erinnert wie die Nachbildung der Dautheschen Säule und der bis zum Überlaufen gefüllte Granitbrunnen an den friedlichen

In der Musikgeschichte für immer miteinander verbunden: Bach und „seine" Nikolaikirche

> *www.marcopolo.de/leipzig*

Widerstand des Jahres 1989. *Nikolai-kirchhof | alle Straßenbahnen ins Zentrum, Augustusplatz*

19 OPERNHAUS [109 E3]

Der erste Theater-Neubau der DDR (1960) wird heute als Kultobjekt sozialistischer Architektur gehandelt. Bis zum Zweiten Weltkrieg stand hier das spätklassizistische Neue Theater. Hinter der Oper erstrecken sich die Schwanenteichanlagen. Sie entstanden im 18. Jh., als die Befestigungsanlagen in einen Promenadenring umgewandelt wurden. *Augustusplatz 12 | alle Straßenbahnen ins Zentrum, Augustusplatz*

20 PETERSBOGEN [108 C4]

Im kühnen Schwung verbindet die Passage die Petersstraße mit dem Burgplatz. Mit dem Neubau (1999 bis 2001) gelang es nicht nur, eine der größten Kriegsbaulücken in Leipzig zu schließen. Hier wurde ein Bogen besonderer Art geschlagen: Die juristische Fakultät kehrte an ihren historischen Platz in die Stadtmitte zurück – und passt gut unter ein Glasdach mit Kino, Casino, Fitnessstudio und Läden. Unter den City-Passagen ist sie seit Jahren „die Unvollendete": Die Glasrotunde am Burgplatz wartet auf den Bau ihrer zweiten Hälfte, weil Grundstücksfragen noch nicht geklärt sind. *Petersstr. 36 | Straßenbahnen 2, 8, 9, 10, 11, Wilhelm-Leuschner-Platz*

21 RIQUETHAUS [109 D3]

Einen Hauch Orient verbreitet das Riquethaus mit seinem chinesisch geschwungenen Türmchen und den Elefantenköpfen über dem Eingang. Die Architektur von 1909 steht für die Handelsbeziehungen der aus Frankreich stammenden Riquets: Die Familie handelte seit 1745 mit China- und Orientwaren. Darüber hinaus gab es hier schon immer Naschwerk aus eigener Produktion. Im Riquetcafé erinnern eine alte Registrierkasse und ein goldener Elefant an die Tradition. *Schuhmachergässchen 1–3 | alle Straßenbahnen ins Zentrum, Augustusplatz*

22 SÄCHSISCHES APOTHEKENMUSEUM [108 C3]

Fachmuseum über die ehemaligen Central-Apotheke (heute Restaurant). Historische Apothekengeräte der letzten 150 Jahre. Die Besucher können nachvollziehen, wie sich Leipzig dank des Apothekers Willmar Schwabe (1839–1917), einem der Erfinder der Homöopathie, für eine Zeit lang zum Zentrum der Naturheilkunde entwickelte. *Di, Mi, Fr–So 11–17, Do 14–20 Uhr | Eintritt 2,50 Euro | Thomaskirchhof 12 | Straßenbahn 9, Bus 89, Thomaskirche*

23 SPECKS HOF [109 D3]

Einkaufspassage mit kosmopolitischem Flair. Tradition und Moderne greifen harmonisch ineinander. Ein Blick in die Höhe der drei Lichthöfe lohnt sich! Sie wurden zur Neueröffnung 1995 mit Malereien, poppigen Keramikmedaillons und Wandfriesen ausgestaltet, die z.T. auf die Geschichte der Leipziger Messe anspielen. Von der Gediegenheit des 1908 eröffneten Messepalasts zeugen die dunklen Kupferdecken in den Passagen sowie die Bleiglasfenster an den Treppenaufgängen. Früher wurden hier Leder- und Schmuckwaren aus-gestellt. Das Gebäude übernahm sei-nen Namen vom Vorgängerbau, der der Familie des Freiherrn Speck von Sternburg gehörte. Durchgang ins *Hansahaus* (1904–06). Im Zentrum des 600 m² großen Lichthofs steht

Insider Tipp

eine ==Kunstuhr samt Klangschale.== Durch Reiben der Griffe kann man das Wasser darin zum Sprudeln brin-gen. *Reichsstr. 4–6 | Grimmaische Straße | alle Straßenbahnen ins Zen-trum, Augustusplatz*

24 STÄDTISCHES KAUFHAUS [109 D3]
Die Passage ist Leipzigs begehbares Gästebuch: Dreidimensionale Hand-abdrücke und ein persönlicher Ge-genstand von Promis wie Jon Bon Jovi, Claudia Schiffer oder Herbert Grönemeyer sind in den Boden ein-glassen und bilden die „Straße der Stars". Das barock gestaltete Städti-sche Kaufhaus entstand 1893–1901: Die Stadtbibliothek und das Messe-haus der Tuchmacher wurden zu ei-nem Komplex umgestaltet, der klas-sizistische Saal des Gewandhausor-chesters abgerissen. Fassadendetail: Eine Bronzestatue von Kaiser Maxi-milian I. erinnert an die Verleihung

des Messeprivilegs von 1497. *Neu-markt 9–19 | Straßenbahnen 2, 8, 9, 10, 11, Wilhelm-Leuschner-Platz*

25 THOMASKIRCHE ⭐ [108 C3]
Ihr Ruf geht weit über die Landes-grenzen hinaus. Er ist untrennbar verbunden mit den Thomanern, ei-nem der besten Knabenchöre im deutschsprachigen Raum, und ihrem berühmtesten Kantor: Johann Sebas-tian Bach. Vor dem Südportal er-innert Carl Seffners Bach-Denkmal von 1908 an den Komponisten. Seine sterblichen Überreste wurden 1950 aus der zerstörten Johanniskirche hierher überführt. Die Wurzeln des Thomanerchores liegen im 13. Jh. Damals gab es bereits einen Kirchen-bau an der Stelle der heutigen Tho-maskirche. Er wurde Ausgangspunkt des von Markgraf Dietrich gestifte-ten Augustiner Chorherrenstifts; die Schüler dieser Institution erhielten u.a. eine Ausbildung in liturgischen Gesängen. Wenn die Thomaner nicht gerade auf Reisen sind und keine Schulferien haben, kann man für ei-nen kleinen Obolus Fr 18 und Sa 15 Uhr in den Genuss von ==Motetten und Kantaten== kommen.

Insider Tipp

> GLIMMSTÄNGEL ADE!
Raucher müssen in die Lounge

Seit 2008 gilt in Sachsen wie in ande-ren Bundesländern auch das generelle Rauchverbot in Bars und Restaurants. Ausnahmen werden nur in sogenannten Eckkneipen gemacht, alle anderen Wirte müssen eigene, komplett abgetrennte Räume für Raucher bereitstellen. Viele haben aus der Not aber eine Tugend

gemacht und schicke Lounges speziell für Raucher eingerichtet: In der Innen-stadt zum Beispiel in der *Bar Madrid* (Klostergasse 3–5 [108 C3] | *Tel. 99388 13), im Restaurant *Tresor (S. 58)* und in der *Lucca Bar (S. 65)*. In der *Bar Madrid* und im *Tresor* werden auch Zigarren angeboten.

Am Pfingstsonntag 1539 predigte hier Martin Luther, der Tag gilt als Einführung der Reformation in Sachsen. Luther und Bach sind zwei der farbigen Fenster im Chorraum gewidmet. Das jüngste Gedächtnisfenster erinnert an Felix Mendelssohn Bartholdy. Der Bau selbst wurde häufig umgestaltet. 1496 ersetzte man das

Uhr | www.thomaskirche.org | Straßenbahn 9, Bus 89, Thomaskirche

26 ZEITGESCHICHTLICHES FORUM LEIPZIG [109 D3]

Zum 10. Jahrestag der friedlichen Revolution von 1989 öffnete das Zeitgeschichtliche Forum seine Pforten. Das Ausstellungs-, Dokumenta-

Und noch eine Erfolgsgeschichte: Thomaner von heute vor der Thomaskirche

romanische Kirchenschiff durch eine spätgotische Halle. Sie wird überspannt von einem Dach, das mit 63 Grad Neigung das steilste Leipzigs ist. Der 68 m hohe Turm bekam 1702 seine barocke Haube. Die Grünfläche vor der Thomaskirche ist ein beliebter Treffpunkt für junge Leute geworden. *Thomaskirchhof | tgl. 9–18, Gottesdienste So 9.30 und 18, Turmführungen Sa 13, 14, 16.30, So 14, 15*

tions- und Informationszentrum regt zur Auseinandersetzung mit der Nachkriegsgeschichte an. Diktatur und Widerstand sind die Pole, zwischen denen multimedial Alltag und politische Historie in Szene gesetzt sind. Zu den Exponaten gehören Teile eines Fluchtautos, der alte Barkas (Lieferwagen), zum Gefangenentransport missbraucht, und Stücke der Berliner Mauer. *Di–Fr 9–18, Sa/*

So 10–18 Uhr | Eintritt frei | Grimmaische Str. 6 | alle Straßenbahnen ins Zentrum, Augustusplatz

27 ZUM ARABISCHEN COFFE BAUM [108 C2]

Entzückendes Fachmuseum und ein Denkmal für die heiße Vorliebe der „Kaffeesachsen". Über enge Stiegen gelangen die Besucher in den 3. Stock, wo in heimeligen Räumen die Geschichte des Kaffees erzählt wird. Einmalig ist die originalgetreu nachgebildete orientalische Küche, liebenswert die Kaffeemühlenschau. Sogar eine Tasse, aus der Napoleon 1813 trank, wird gezeigt. Seit 1711 gibt es den Kaffeeausschank im Coffe Baum. Heute wählen Sie zwischen Wiener, Pariser oder arabischem Caféambiente. *Tgl. 11–19 Uhr | Eintritt frei | Kleine Fleischergasse 4 | Straßenbahn 9, Thomaskirche*

WESTLICH DER CITY

> Wie eine Lebensader zieht sich die Waldstraße Richtung Norden vom Wald-platz durch das Karree bis zum Ausflugslokal Mückenschlösschen. Gesäumt von breiten Trottoirs, überragt von großartigen Gründerzeitfassaden, taugt sie trotz Lücken und hässlicher Einsprengsel zum Großstadtboulevard. Doch erst die Seitenblicke Richtung Zentralstadion im Westen und Rosental im Osten offenbaren den wahren Charakter als größtes Flächendenkmal Deutschlands, Open-Air-Ausstellung für die Architektur des Historismus, des Jugendstils oder Neoklassizismus. Die schier endlosen Fluchten von Gründerzeithäusern waren Ausdruck bürgerlichen Wohlstands im 19. Jh. Bis 1933 prägte jüdisches Leben das Viertel, dann setzten die Nazis dem ein grausames Ende. Heute erinnert das Jüdische Begenungszentrum an diese Vergangenheit *(Hinrichsstr. 10)*. Das stadt- und auwaldnahe Gebiet um die Waldstraße gilt als Nobelviertel mit aufwändig sanierten Wohnungen. In 200-Quadratmeter-Domizile mieten sich inzwischen auch gern Studenten-WGs ein. Das bunte Leben kehrt zurück. Wo gibt es schon einen Uhrmacher, der auch eine Galerie mit Werken von Hoch-

Im Kaffeemuseum „Zum Arabischen Coffe Baum"

SEHENSWERTES

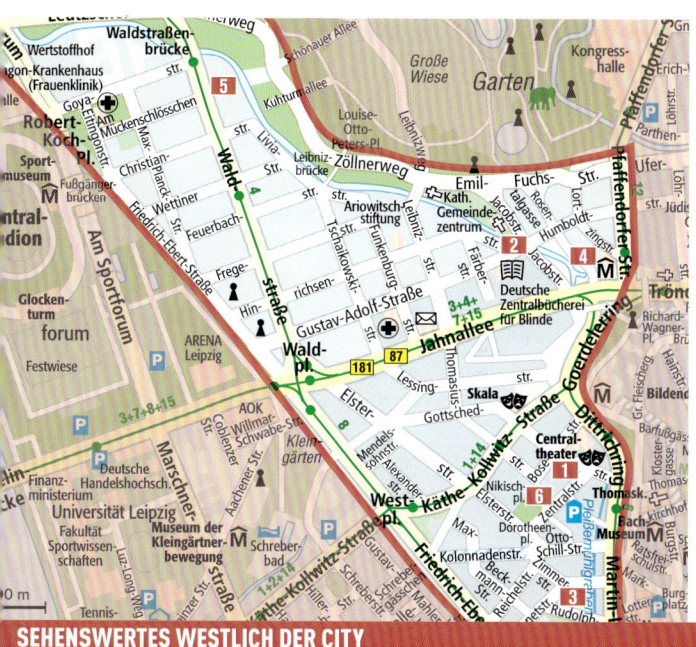

schulabsolventen beherbergt? Der Naturkostladen im Hof findet ebenso Kunden wie die schicke Kinderboutique. Und im *Restauranttheater* trifft Bühnen- auf Kochkunst *(tgl. | Rosentalgasse 12 | Tel. 0170/845 73 08 | €€).* Die lebendige Mischung hat Geschichte. Denn einst gab es in der alten Ranstädter Vorstadt Geigen- und Sargbauer, schrieb Albert Lortzing die Oper „Zar und Zimmermann", und der Dichter Joachim Ringelnatz malte die Alte Elster in Öl. Dieser Flusslauf wurde zugeschüttet, aber entlang des Eltermühlgrabens am Rosental lohnt der Bummel mit Blick

auf herrschaftliche Villen. Durch die älteste Stadtstraße Leipzigs, die malerische Rosentalgasse, gelangt man bis zum Naturkundemuseum am Innenstadtring. Von hier aus ist man in fünf Minuten im Schauspielviertel, in dem sich erfolgreich eine Melange aus Kunst- und Kneipenszene plus reizender Läden durchgesetzt hat.

1 **CENTRALTHEATER** [108 B2–3]
Für „Wallenstein" hob sich im Schauspiel 1956 erstmals der Vorhang. Seit 2008 heißt die Spielstätte wieder Centraltheater, benannt nach dem Amüsiertempel, auf dessen

Grundmauern es steht. Im „Weißen Haus" gegenüber werden szenische Lesungen geboten. *Bosestr. 1 | Straßenbahn 9, Thomaskirche*

2 GUSTAV-ADOLF-BRÜCKE [111 F5]
Brücke von 1873 mit neobarocken Geländer-Details. An der Kreuzung ist ein Platz mit Durchblick entstanden: Architekt Bernd Sikora ließ ein „Auge" ins Pflaster ein, durch das man in den Elstermühlgraben schaut. Ein Lichtband sorgt für schöne Abendstimmung. An der Westseite des Platzes zeigt ein Bronzemodell die Vorstadt um 1840. *Alle Straßenbahnen ins Zentrum, Goerdelerring*

Insider Tipp

3 KUNSTHALLE DER SPARKASSE LEIPZIG [108 B3]
Sammlung mit 2500 Werken regionaler Künstler. Die Tradition der Leipziger Schule und junge Talente stehen im Mittelpunkt. *Di–Fr 15–18, Sa/So 11–16 Uhr | Eintritt 4 Euro | Otto-Schill-Str. 4 a | Straßenbahn 9, Thomaskirche*

4 NATURKUNDEMUSEUM [111 F5]
Klassizistischer Bau von 1837–39, 2. Bürgerschule der Stadt. Die Schulhausatmosphäre haftet dem Museum noch an; zeitgemäße Veränderungen sind geplant. *Di–Do 9–16.30, Fr 9–13, Sa 10-16 Uhr | Eintritt 2 Euro | Lortzingstraße 3 | alle Straßenbahnen ins Zentrum, Goerdelerring*

5 MÜCKENSCHLÖSSCHEN [111 E5]
Malerisches Ausflugslokal (€€) im Renaissancestil. Der Sage nach wollte Sachsens Kurfürst August der Starke um 1723 hier ein Lustschloss bauen. Sein Pferd scheute vor einem

> BLOGS & PODCASTS
Gute Tagebücher und Files im Internet

> **www.heldenstadt.de** – Klicken Sie sich mitten rein ins Leipziger Lebensgefühl: Die Website spiegelt aktuelle Ereignisse, gibt Ausgehtipps und weist mit der Blogschau den Weg durch den Dschungel der Webtagebücher. Frisch, subjektiv, klasse!

> **www.basteiblog.de** – Zeigt, was in *dem* Studentenclub Moritzbastei an Gigs läuft.

> **www.soko-leipzig.de** – Die Stadt aus der TV-Krimi-Perspektive erleben: Infos und Bilder vom Set.

> **www.preis-der-leipziger-buchmesse.de** – Video-Podcast, der Literaturfans mit Infos zur Buchmesse versorgt.

> **www.gc-blog.de** – Hält die Freaks zur Spielemesse Games Convention auf dem Laufenden.

> **www.cospuden.blogspot.com** – Alles rund um den See schon mal auf dem Monitor erkunden.

> **www.radioblau.de** – Leipzig-Infos aus den Stadtteilen, Reportagen und Musikshows bietet das Bürgerradio Radioblau als Podcast an.

> **www.f-stop-leipzig.de** – Schöner und intelligenter Blog rund um das Thema moderne Fotografie.

Für den Inhalt der Blogs & Podcasts übernimmt die MARCO POLO Redaktion keine Verantwortung.

Mückenschwarm, der Herrscher verlor die Lust am Schloss. Erst 170 Jahre später (1892) wurde die Villa dann tatsächlich gebaut und als Gaststätte eröffnet. Wunderbar: im Biergarten am Elstermühlgraben eine kühle Maß Bier und frische Brezeln

det sich hier eine schlichte, aber beeindruckende Gedenkstätte für die von den Nazis ermordeten Juden: 140 Bronzestühle stehen im Bereich des früheren Mittelschiffs. *Gottschedstraße/Ecke Zentralstraße | Straßenbahn 9 | Thomaskirche*

Noch immer ein Ort der Bildung: Naturkundemuseum in der ehemaligen Bürgerschule

genießen, während sich die Kinder auf dem hauseigenen Spielplatz vergnügen. *Tgl. 11–24 Uhr | Waldstr. 86 | Tel. 983 20 51 | Straßenbahn 4, Am Mückenschlösschen*

6 SYNAGOGENGEDENKSTÄTTE GOTTSCHEDSTRASSE [108 B3]
„Der Tempel" wurde die Synagoge im islamisch-maurischen Stil genannt (1855). In der Pogromnacht vom 9. November 1938 brannten die Nazis das Bauwerk nieder. Heute fin-

SÜDLICH DER CITY

> Wie ein Wächter steht das Bundesverwaltungsgericht am Eingang zum Leipziger Süden. Der wilhelminische Kuppelbau mit dem großen Vorplatz strahlt Ruhe und Besonnenheit aus. Dahinter entstand Ende des 19. Jhs. innerhalb weniger Jahre das noble Musikviertel: In seinem Herzen die Universitätsbibliothek (1891), die Hochschule für Gra-

fik und Buchkunst (1890), die Hochschule für Musik und Theater (1887) und das Neue Gewandhaus (im Krieg zerstört). Drumherum zogen vermögende Verleger, Kaufleute und Bankiers an einen Ring mit 37 Pracht-Villen, zumeist im Stil der italienischen Renaissance. Nach schweren Angriffen im Krieg stehen heute nur noch 15 dieser Palazzi an der Karl-Tauchnitz-Straße. Doch die zeugen bis hin zu den Remisen von bürgerlicher Baukunst. Nicht weniger herrschaftlich: die Mietshäuser in der Beethoven- und Schwägrichenstraße, deren Etagenwohnungen bis zu 300 m² maßen. Inzwischen haben Leipzigs 37 000 Studenten das Musikviertel und die benachbarte Südvorstadt fest in Beschlag genommen.

1 **BUNDESVERWALTUNGS-GERICHT** ⭐ [108 B5]

Viele Leipziger haben noch den rußgeschwärzten Koloss in Erinnerung, in dem bis 1996 das Bildermuseum untergebracht war. Das ehemalige Reichsgericht wurde von Ludwig Hoffmann und Peter Dybwad errichtet (1888-95). In dem Gericht fanden spektakuläre Prozesse statt, u.a. 1907 der Hochverratsprozess gegen Karl Liebknecht und 1933 die Verhandlung nach dem Reichstagsbrand. Nach umfangreichen Sanierungsarbeiten zog 2002 das Bundesverwaltungsgericht ein. Besonders gelungen ist die Verbindung von alter Architektur und moderner Verwaltung. Das Dach wurde um eine Etage für Büros aufgestockt (von außen kaum sichtbar), die ehemalige Kutscheneinfahrt in eine Kantine umfunktioniert. Die eindrucksvolle Kuppelhalle kann besichtigt werden. Sehenswert ist auch die Ausstellung über Geschichte und Architektur des Museums im Sitzungssaal 1. Regelmäßig Konzerte im historischen Plenarsaal. *Mo–Fr 8–16 Uhr| Eintritt frei | Führungen nach Online-Anmeldung: www.bverwg.de | Tel.*

Im Clara-Zetkin-Park ist reichlich Platz für Spaziergänger, Jogger und Radler

SEHENSWERTES

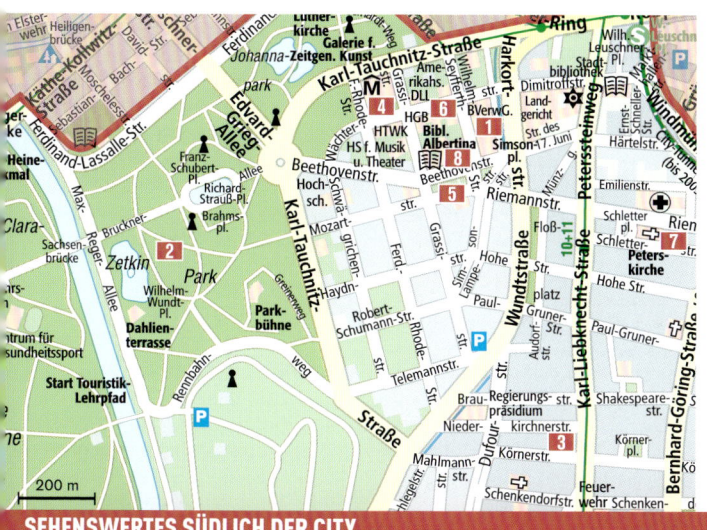

SEHENSWERTES SÜDLICH DER CITY

1 Bundesverwaltungsgericht
2 Clara-Zetkin-Park
3 Feinkost
4 Galerie für Zeitgenössische Kunst
5 Geisteswiss. Zentrum der Uni Leipzig
6 Hochschule für Grafik und Buchkunst
7 Peterskirche
8 Universitätsbibliothek

2007 1934 | Simsonplatz | Straßenbahnen 2, 8, 9, Neues Rathaus

2 CLARA-ZETKIN-PARK ⭐ [115 E2]

Leipzigs Stadtpark Nummer eins: Gärten im Stil des 19. Jhs., Wald- und Auenlandschaft fügen sich hier aneinander. Im Sommer sind die Wiesen von Studenten belagert, im Winter ist Familienrodeln angesagt. Clara Zetkin (1857–1933) war die Begründerin der sozialistischen Frauenbewegung. Unter ihrem Namen wurden 1955 verschiedene historische Gärten zu einem „Kulturpark" vereint, u.a. der *Johannapark* [115 F1] zwischen Friedrich-Ebert- und Marschnerstraße. Er wurde von Peter Joseph Lenné entworfen und bietet mit Teich, Fontäne und Brücken eine romantische Sicht hinüber zum Neuen Rathaus. Dann schließt sich bis zum Elsterflutbett der ehemalige *König-Albert-Park* [115 E2] mit Blumenrabatten und einer Parkbühne an. Hier kann man Popkonzerte in persönlicher Atmosphäre erleben. Beim ▶▶ Wave-Gotik-Treffen zu Pfingsten gehört die Parkbühne zu den Hauptspielorten. Gegenüber, nahe der Karl-Tauchnitz-Straße, lädt das *Glashaus* *(S. 61)* zur perfekten Pause im Grünen (beliebter Sonntagsbrunch). Jenseits des Elsterflutbetts erstreckt sich das Auenwald-Gebiet *„Die Nonne"* [115 E3] mit einem weit verzweigten Netz von Rad- und Spazierwegen. Im Frühjahr duf-

Insider
Tipp

tet es hier intensiv: Der Bärlauch blüht. Der wilde Knoblauch ist als Gewürz und Gemüse auf den Speisekarten der Leipziger Restaurants zzt. sehr angesagt. *Straßenbahnen 1, 2, Clara-Zetkin-Park*

3 FEINKOST ▶▶   [116 A3]

Guter Ausgangspunkt, um vom Südplatz aus die 3 km lange Kneipen- und Kulturmeile an der Karl-Liebknecht-Straße zu erschließen. Auf dem Gelände wurden zu DDR-Zeiten Suppen und Konserven hergestellt. Daran erinnert die Löffelfamilie an der rechten Wand. In den Höfen alternative Szene: von der Fahrradwerkstatt bis zum Batik-Shop. *Karl-Liebknecht-Str. 38 | Straßenbahnen 10, 11, Südplatz*

4 GALERIE FÜR ZEITGENÖSSISCHE KUNST   [108 A5]

Ein Ort kreativer Spannungen, das zeigt sich schon von außen: An die herrschaftliche Gründerzeitvilla fügt sich geradlinig ein moderner Kastenbau. Der Dresdner Architekt Peter Kulka gestaltete die Villa zum Domizil für zeitgenössische Kunst um. 1914–45 lebte hier der Zeitungsverleger Edgar Herfurth, Herausgeber der „Leipziger Neuesten Nachrichten", der Vorgängerin der heutigen „Leipziger Volkszeitung". Dazu kommt ein 1000 m² großer Ausstellungsneubau, in dem durch hohe Schiebewände zu jeder Ausstellung ein neues Raumerlebnis entsteht. Das Café im Neubau (*Mo–Sa 11–24, So 11–19 Uhr*) gestaltet alle 2–3 Jahre ein anderer Künstler. Am Wochenende wechselnde Veranstaltungen für ein junges Szenepublikum.

Seit 1998 beherbergt die Galerie eine Sammlung von jetzt ca. 270 Werken, u. a. von Gotthard Graubner, Hartwig Ebersbach und Neo Rauch. Unter dem Titel *carte blanche* zeigen zzt. Sammler ausgewählte Werke aus ihren Depots. *Di–So 12–19 Uhr | Eintritt 8 Euro (Neu- und Altbau) | Karl-Tauchnitz-Str. 11 | www.gfzk.de | Straßenbahnen 9, 8, 2, Neues Rathaus | Bus 89, Wächterstraße*

5 GEISTESWISSENSCHAFTLICHES ZENTRUM DER UNI LEIPZIG   [108 B6]

An dieser Stelle stand bis 1944 das Neue Gewandhaus (1882–84 erbaut). Seit 2002 residieren in den versetzten Kuben die Geistes- und Sozialwissenschaften. *Beethovenstr. 15 | Straßenbahnen 2, 8, 9, Neues Rathaus*

6 HOCHSCHULE FÜR GRAFIK UND BUCHKUNST ▶▶   [108 B5]

Alle haben sie hier gelernt: Neo Rauch, David Schnell, Mathias Weischer. Die Maler der Neuen Leipziger Schule erobern derzeit die (Kunst-)Welt im Sturm. Klingende Namen hatte die Schule immer schon zu bieten. Zu DDR-Zeiten unterrichteten hier Werner Tübke und Bernhard Heisig. Nachwuchstalente entdeckt man beim *Rundgang* im Februar oder in den Ausstellungen der Galerie. *Di–Fr 12–18, Sa 10–15 Uhr | Eintritt frei | Wächterstr. 11 | Straßenbahnen 2, 8, 9, Neues Rathaus | Bus 89, Wächterstraße*

7 PETERSKIRCHE   [108 C6]

Leipzigs größte neo-gotische Kirche (1885 erbaut) ist eine eindrucksvolle Kopie nordfranzösischer Kathedralen. Besonders wertvoll sind die

Bleiglasfenster (Rosette und Chor) mit Darstellungen König Davids und der Verklärung Christi. Im gewaltigen Kirchenschiff finden auch Kulturveranstaltungen statt. *Schletterstraße | Straßenbahnen 9, 10, 11, Hohe Straße/LVB*

**8 UNIVERSITÄTS-
BIBLIOTHEK**   [108 B5–6]

Wer genau auf die Farbe des Sandsteins achtet, wird entdecken, dass der Ostflügel der prachtvollen Universitätsbibliothek ein Neubau ist. 1888–91 entstand die Bibliothek nach Plänen des Leipziger Architekten Arwed Roßbach im Stil der italienischen Renaissance. Die Bomben des Zweiten Weltkriegs zerstörten große Teile des Gebäudes, bis 1992 wuchsen Bäume zwischen den Mauern. Danach wurde die Bibliothek umfassend erneuert und 2002 wieder eröffnet. Prachtvoll ist die Freitreppe mit den ionischen Säulen und der Glaskuppel. Auch der ehemalige Posthof, jetzt glasüberdachter Lesesaal, ist ein Prunkstück. Die 1543 gegründete Bibliotheca Albertina umfasst über 5 Mio. Bände, eine bedeutende Sammlung mittelalterlicher Handschriften, 3500 Inkunabeln sowie eine Papyrus- und Autografensammlung. *Mo–Fr 8–22, Sa 10–19 Uhr | Führung am 1. Sa im Monat 15 Uhr | Beethovenstr. 6 | Straßenbahnnen 2, 8, 9, Neues Rathaus*

SÜDÖSTLICH DER CITY

> Einst schlug im Grafischen Viertel das Herz der Buchstadt Leipzig. Heute umweht

Figurengruppe in der Galerie für Zeitgenössische Kunst

SÜDÖSTLICH DER CITY

ein Hauch von Nostalgie die Reste der großen Tradition: Hinter dem Haus des Buches zeugen verwitterte Backsteinmauern vom einst prächtigen Buchhändlersitz. Das Reclam-Karree mit seiner feinen Jugendstilkeramik ist heute Bürogebäude. Umso mehr lohnt ein Besuch der liebevoll und originalgetreu restaurierten Wohnungen von Felix Mendelssohn Bartholdy und Clara und Robert Schumann. Im Viertel hatte auch Edvard Grieg ein Quartier *(Gedenkstätte im ehemaligen Musikverlag C. F. Peters | Talstr. 10 | Mi bis Fr 14–17, Sa 10–12 Uhr | Eintritt frei)*. Eindrucksvoll ist auch das

war für den Verkehr nach Norden zuständig). Als prominentes Wahrzeichen ist heute nur der klassizistische Portikus mit vier Bögen und seitlichen Türmen erhalten, einst der Eingang zur Bahnhofshalle. Urig ist das benachbarte Gasthaus *(S. 61)* in einem Teil des alten Bahnhofs. Dort wird in riesigen kupfernen Gefäßen die Gose frisch gebraut.

2 **BOTANISCHER GARTEN** [116 C2]

Gegründet wurde der Botanische Garten der Universität im 16. Jh. als Kräuter- und Heilpflanzengarten. Auf dem 3 ha großen Gelände wer-

Prächtige Orchideenblüten im Botanischen Garten

Grassimuseum. Der Komplex aus rotem Porphyrtuff ist ganz im Art déco gehalten und beherbergt drei außergewöhnliche Sammlungen.

1 **BAYERISCHER BAHNHOF** [109 D6]

Der staatliche Kopfbahnhof wurde 1840–44 für den Bahnverkehr nach Süden errichtet (der Hauptbahnhof

den heute ca. 9000 Pflanzenarten kultiviert. Attraktionen sind die Schaugewächshäuser mit Palmen-, Farnhaus, Kakteen- und Orchideenausstellung. Im Sommer tummeln sich im Schmetterlingshaus über 200 farbenprächtige Falter. *Freiland Nov. bis Feb. tgl. 9–16, März/April, Okt. 9–18, Mai–Sept. 9–20 Uhr | Ge-*

SEHENSWERTES SÜDÖSTLICH DER CITY

1 Bayerischer Bahnhof 3 Grassimuseum 5 Mendelssohn-Haus
2 Botanischer Garten 4 Haus des Buches 6 Schumann-Haus

wächshaus Okt.–April Di–Fr 13–16, Sa/So 10–16, Mai–Sept. Di–Fr 13 bis 18, Sa/So, 10–18 Uhr | Linnéstr. 1 | Straßenbahnen 2, 16, Bus 60, Johannisallee

3 **GRASSIMUSEUM** ⭐ [109 F4]
Drei Sammlungen von Rang vereint das Grassimuseum unter einem Dach: das *Museum für Völkerkunde*, das *Museum für Angewandte Kunst* und das *Museum für Musikinstrumente*. Das Ensemble wurde bis 1929 im Stil des Art déco errichtet und

zählt zu den 20 „kulturellen Leuchttürmen Ostdeutschlands". Die Gründung des Museums (1874) ging auf ein Millionenerbe des Kaufmanns Franz Dominic Grassi zurück, danach entwickelte sich das Museum durch Gaben betuchter Leipziger Kaufleute zu einer Schatztruhe edler Kulturgüter. Besonderes Schmuckstück: die wunderschön restaurierte Tapete mit römischen Motiven aus dem versunkenen Schloss Eythra. Architektonische Glanzpunkte sind die stilisierte Ananas auf dem Dach und die rote Pfeilerhalle. Auf dem *Alten Johannisfriedhof* hinter dem Museum erinnern kunstvolle Grabmale an bedeutende Bürger, u. a. an Goethes Freundin Käthchen Schönkopf. Auf dem Platz vor dem Museum stand die Johanniskirche, die im Krieg schwer beschädigt und später abgetragen wurde. *Di–So 10–18 Uhr | Eintritt komplett 12 Euro | Täubchenweg 2 | www.grassimuseum.de | Straßenbahnen 4, 7, 12, 15, Johannisplatz*

Museum für Völkerkunde: Anschaulich, kurzweilig und phantasievoll ordnen sich hier die Kunst- und Alltagsobjekte zu einem Panorama der Völker aller Kontinente. Das Tipi, eine Jurte und ein indisches Lehmhaus können auch betreten werden. Das Museum hat den zweitgrößten Bestand in Deutschland und zählt europaweit zu den bedeutendsten völkerkundlichen Sammlungen. Lassen Sie sich am besten von einem

Australische Volkskunst im Grassimuseum

der engagierten Kuratoren durch die Ausstellung führen, dann erfahren Sie interessante Details über kulturelle und religiöse Hintergründe und die Herkunft vieler Exponate. *Führungen Sa/So 15 Uhr | Eintritt 4 Euro, am 1. Mi im Monat frei*

Musikinstrumentenmuseum: Spezifisch für die Musikstadt Leipzig ist diese Sammlung der Universität, die aus einer Privatsammlung hervorging. Das Museum verfügt über rund 5000 Instrumente und Musikautomaten, viele aus der Bachzeit. Es vermittelt die Geschichte der Instrumentenbaukunst vom ältesten Klavier der Welt bis zur Harfe. Im Klanglabor können Sie z. B. auf einem Plexiglasklavier selbst musizieren. *Führungen So 10.30 Uhr | Eintritt 4 Euro*

Museum für Angewandte Kunst: Schatzkammern von der Antike bis zur Gegenwart, chinesische und japanische Kunst, Sammlerstücke des Jugendstils, Art déco und Bauhaus gehören zur Sammlung. Immer liegt das Augenmerk auf Raumgestaltung, Möbeln und Hausgerät. Die berühmten Grassimessen, die jedes Jahr im Oktober stattfinden, wurden 1927 aus der Taufe gehoben. Im noch unfertigen Museum versammelte sich damals die kunsthandwerkliche Avantgarde aus ganz Europa. Ein erster Rundgang von der Antike zum Historismus führt durch 30 Räume, eine zweite Ausstellung mit asiatischer Kunst öffnet 2010. *Eintritt 5 Euro, am 1. Mi im Monat Eintritt frei*

4 HAUS DES BUCHES ▶▶ [116 C1]

Zwischen Gutenbergplatz und Gerichtsweg residierte bis 1943 der Börsenverein der Deutschen Buchhändler. Das Haus des Buches, 1996 eingeweiht, entstand nach Plänen der Leipziger Architekten Angela Wandelt und Gerd Heise. Der moderne Klinkerbau mit verglasten Innenhöfen beherbergt wieder Verlage, Redaktionen und Vereine. Vor allem aber finden Lesungen statt: Literaturstars, aber auch Debütanten geben sich hier die Ehre. Ein Geheimtipp: das Literaturcafé. Dort gibt es Lesefutter aller Art und eine schöne Terrasse. *Gerichtsweg 28 | Tel. 995 41 34 | www.haus-des-buches-leipzig.de | Straßenbahn 15, Gutenbergplatz*

5 **MENDELSSOHN-HAUS** [109 E4]
In der Goldschmidtstraße verbrachte Felix Mendelssohn Bartholdy seine letzten beiden Lebensjahre (1845 bis 1847). Leipzig hat dem Komponisten viel zu verdanken: Er entdeckte die fast schon vergessenen Bach-Oratorien wieder, gründete das Musikkonservatorium und mehrte den Ruhm des Gewandhausorchesters als dessen Kapellmeister. Das Arbeitszimmer wurde dank eines Bildes mit Originalmöbeln rekonstruiert, im Biedermeiersaal finden wie einst Sonntagskonzerte statt. *Tgl. 10–18 Uhr | Eintritt 3,50 Euro | Goldschmidtstr. 12 | www.mendelssohn-haus.de | alle Straßenbahnen ins Zentrum, Augustusplatz*

6 **SCHUMANN-HAUS** [112 C6]
Vier glückliche Jahre verlebten Robert und Clara Schumann in dieser Beletage. Hier zog das Paar 1840 gleich nach der Hochzeit ein und bekam zwei Kinder. Richard Wagner, Felix Mendelssohn Bartholdy, Franz Liszt, Hector Berlioz gingen ein und

aus, Robert Schumann schrieb das Klavierkonzert a-moll, die Frühlingssinfonie und zahlreiche Lieder. Heute ist in dem Gebäude eine Grundschule untergebracht, in der 1. Etage wurden die Wohnräume der Schumanns rekonstruiert. Im Musiksalon finden Konzerte und Begegnungen statt. *Ausstellung Mi–Fr 14–17, Sa/So 10 bis 17 Uhr | alle 14 Tage Sa Konzert um 17 Uhr | Inselstr. 18 | www.schumann-verein.de | Straßenbahnen 12, 4, Johannisplatz*

AM RAND DER STADT

DEUTSCHE NATIONALBIBLIOTHEK [116 C3]
Mehr als 13 Mio. Bände lagern in der Deutschen Nationalbibliothek Leipzig, die 1912 vom Börsenverein der Deutschen Buchhändler gegründet wurde. Seither werden alle deutschsprachigen Veröffentlichungen im In- und Ausland gesammelt. 1990 Zusammenschluss mit der Deutschen Bibliothek in Frankfurt/M. Seit 2007 entsteht ein 4. Erweiterungsbau. Das konkave Hauptgebäude wurde 1914 bis 1916 von Oskar Pusch errichtet. Prächtiger, doppelstöckiger Lesesaal.

In dem Gebäude ist auch das *Deutsche Buch- und Schriftmuseum* untergebracht. Wie sah eine Buchdruckerwerkstatt im 18. Jh. aus? Welche Rolle spielte die Messe für den Buchhandelsplatz an der Pleiße? Das älteste Buchmuseum der Welt (1884) gibt Antworten und erzählt die Geschichte des Buchs bis in die Moderne. Das Museum wird Ende

2010 in den Erweiterungsbau ziehen und ist bis dahin geschlossen. *Deutscher Platz 1 | www.ddb.de | Straßenbahnen 2, 16, Deutscher Platz*

MUSEUM FÜR DRUCKKUNST [115 D2]

Da staunen Computer-Kids: Es riecht nach Farbe und Maschinenöl, und an mancher Maschine können sie selbst ein Stück Druckkunst fabrizieren oder Meilensteine in der Geschichte des grafischen Gewerbes entdecken: Schriftgießerei, Buchbindergeräte, Hand- und Tiegeldruckpressen sowie Zylinderdruck- und Setzmaschinen, darunter so komplizierte Gebilde wie Typograf und Linotype. Die seltenste der prachtvollen Handpressen ist **Insider Tipp** eine englische Paragon (1832). Zu den Besonderheiten der Schriftsetzerei gehört ein Satz Hieroglyphen. *Mo bis Fr 10–17, So 11–17 Uhr | Eintritt 3 Euro | Nonnenstr. 38 | Straßenbahnen 1, 2, Holbeinstraße | Linie 14, Nonnenstraße*

NEUE MESSE ⭐ [120 B2]

Nach drei Jahren Bauzeit wurde 1996 das rund 100 ha große Gelände in Seehausen eröffnet. Mittelpunkt ist die halbrunde, gigantische Glas-Stahl-Konstruktion des Architektenteams von Volkwin Marg. Sie ist gut 240 m lang, 80 m breit und fast 30 m hoch. An dem Gebilde wirkte auch Ian Ritchie mit, Konstrukteur der Glaspyramide des Louvre. Die 5500 Scheiben des Messepalasts werden von einem eigens erfundenen Roboter geputzt. Ein schmaler Turm, gleichzeitig Schornstein, trägt das traditionelle Leipziger Messe-Signet. *Messe-Allee 1 | Tel. 678-0 | Straßenbahn 16 | Flughafen-Express der Deutschen Bahn vom Flughafen und vom Hauptbahnhof*

PANOMETER [116 B4]

Gigantisches Panorama in ehemaligem Gasspeicher: Von einer Plattform in der Mitte betrachtet der Besucher eine Szenerie des brasilianischen Regenwalds. Die Auflösung des 3200 m^2 großen Rundgemäldes ist so hoch, dass mit dem Fernrohr Insekten zu entdecken sind. Die Rahmenausstellung zeigt eine riesige Stechmücke und einen gewaltigen

Von wegen Messehektik: entspannte Besucher auf der Games Convention

Urwaldbaum. *Di–Fr 9–19, Sa/So 10 bis 20 Uhr | Eintritt 9 Euro | Richard-Lehmann-Str. 114 | Straßenbahn 9, A.-Hoffmann-, R.-Lehmann-Straße | Bus 70, R.-Lehmann-, Altenburger Straße*

RUSSISCHE GEDÄCHTNISKIRCHE [116 C3]

Die Kirche wurde 1913, 100 Jahre nach dem Sieg über Napoleon, geweiht. 22 000 russische Soldaten kamen in der Schlacht bei Leipzig ums Leben. Der Entwurf Wladimir Prokowskis lehnt sich an eine Moskauer Kirche des 16. Jhs. an. *Ph.-Rosenthal-Str. 51a | Straßenbahnen 2, 16, Deutsche Bücherei*

SÜDFRIEDHOF [117 E5]

Der mit 80 ha zweitgrößte Parkfriedhof Deutschlands (nach Hamburg-Ohlsdorf) wurde 1886 angelegt und ist wegen seines alten Baumbestands, botanischer Raritäten und künstlerischer Grabmale einen Spaziergang wert. Hier wurden u.a. Leipzigs erster Nachkriegsoberbürgermeister Erich Zeigner und Gewandhauskapellmeister Arthur Nikisch beerdigt. *Prager Straße | Straßenbahn 15, Völkerschlachtdenkmal*

VÖLKERSCHLACHT-DENKMAL ⭐ [117 E4–5]

Mehr als 200 000 Besucher zieht der riesige Denkmalsbau Jahr für Jahr an. Er wurde 1913 eingeweiht – 100 Jahre, nachdem die europäischen Verbündeten in der Völkerschlacht bei Leipzig Napoleon und seine Truppen in die Flucht geschlagen hatten. Die Feierlichkeiten im Oktober 1913 waren ein nationales Er-

eignis. Der Kaiser reiste an, deutsche Fürsten und Vertreter der Herrscherhäuser Schwedens, Russlands und Österreichs. Randnotiz: Die Sachsen gehörten 1813 zu den Verlierern, sie schlugen sich nämlich für den französischen Despoten.

Im Denkmal dokumentiert eine Ausstellung die Baugeschichte. In der Krypta halten 16 steinerne Krieger Totenwache. Die kolossalen allegorischen Figuren in der Ruhmeshalle (Tapferkeit, Glaubensstärke, Opferfreude und Volkskraft) ragen 10 m in die Höhe. Dagegen muten die 324 fast lebensgroßen Reiterfiguren in der Kuppelhalle geradezu winzig an. Die gute Akustik können Sie bei einer Aufführung des Völkerschlachtdenkmal-Chores genießen. Bis 2013, dem 100. Jahrestag der Denkmalsweihe, wird der 300 000 t schwere Koloss noch saniert. Beeindruckend ist der Blick von der 91 m hohen ❇ Aussichtsplattform. Wenn Ihnen der Aufstieg über die 364 Stufen zu anstrengend ist, nehmen Sie den Lift von der Krypta zum ersten Außenrundgang. Im Forum 1813 am Fuß des Denkmals ist eines der Schlachtfelder rund um Leipzig nachgestellt. 3500 Zinnfiguren zeigen auf einer 18 m² großen Fläche den Kampf um das Dorf Probstheida, dessen Ausgang Napoleons Herrschaft in Europa brechen sollte. Außerdem sind 350 Originalexponate von Uniformen bis zu Münzen zu sehen. *Völkerschlachtdenkmal und Forum April–Okt. tgl. 10–18, Nov.–März tgl. 10–16 Uhr | Eintritt Völkerschlachtdenkmal 5, Forum 3 Euro | Prager Straße | Straßenbahn 15, Völkerschlachtdenkmal*

Insider Tipp

> AUF KEINEN FALL NUR ALLERLEI

Junge Wilde schwingen in Leipzig den Löffel – und mischen
die traditionelle Küche neu auf

> **Das bekannteste Gericht der Messemet-
ropole war lange Zeit kein Aushänge-
schild. Bei Leipziger Allerlei denken viele
an eine Dose trüber Gemüsebrühe. Doch
inzwischen genießt die Leipziger Küche einen hervorragenden Ruf: Erst revolutio-
nierten die „jungen Wilden" das traditionelle Allerlei, dann eroberten die Gour-
metchefs das Terrain.** Ende 2008 stieg
das *Falco* als erstes Restaurant im
Osten in die deutsche Spitzenklasse
auf, auch dem *Stadtpfeiffer* sagen

Kritiker exzellente Kochkunst nach.
Nun ist die Qual der Wahl also perfekt: Soll's deftig-sächsisch sein –
Rotkraut mit Äpfeln und Klößen,
Blut- oder Leberwurst auf der
Schlachteplatte? Oder modern,
leicht, vegetarisch? Leipzigs Restaurants öffnen und schließen in schnel-
lem Wechsel, der Wettbewerb ist
hart. Im oberen Segment liefert sich
eine Schar ehrgeiziger Köche ein hei-
ßes Kopf-an-Kopf Rennen. Erlesene

Bild: Café Schiller

ESSEN & TRINKEN

Zutaten, raffinierte Speisen an ungewöhnlichen Orten lautet ihr Rezept, an den Preisen lässt sich das auch ablesen. Oder lieber nur eine Tasse Kaffee in historischem Ambiente genießen? Ihr Schälchen „Heeßen" lassen sich alle Sachsen gerne schmecken. Nicht umsonst steht in Leipzig mit dem *Coffe Baum* eines der ältesten Kaffeehäuser Europas, und gegen das Flair des *Café Grundmann* kommt keine Kaffeekette dieser Welt

an. Noch ein Tipp: Viele Restaurants in der Innenstadt bieten günstige Mittagsmenüs an, abends sollten Sie eines der gemütlichen, originellen Lokale in der Südvorstadt oder in Gohlis besuchen!

CAFÉS & BISTROS

ALTE NIKOLAISCHULE [109 D3]
Leckeres Essen und guter Wein in historischem Ambiente. Im heutigen Schankraum paukten früher Gott-

CAFÉS & BISTROS

fried Wilhelm Leibniz und Richard Wagner. *Tgl. | Nikolaikirchhof 2 | Tel. 211 85 11 | alle Straßenbahnen ins Zentrum, Augustusplatz*

CAFÉ CORSO [109 E5]
In der gemütlichen kleinen Traditionskonditorei (seit 1912) kann man Leipziger Lerchen und Baumkuchen

ger, je früher man bestellt. *Tgl. | August-Bebel-Str. 2 | Tel. 222 89 62 | Bus 89, Schenkendorfstraße*

CAFÉ KANDLER [108 C3]
Zu DDR-Zeiten logierte hier das *Teehaus.* Noch immer gibt es neben den Kaffee- auch 90 Teespezialitäten. Kandler-Kreation ist der Bachtaler,

Traditionsadresse im Zeichen der Elefantenköpfe: Kaffeehaus Riquet

kosten. Berühmt: der Weihnachtsstollen. *So geschl. | Brüderstr. 6 | Tel. 960 31 11 | Straßenbahnen 2, 9, 16, Roßplatz*

CAFÉ GRUNDMANN ⭐ [115 F3]
Hier lebt das Art déco in jedem Detail, und die Leipziger stehen sonntags Schlange, um den köstlichen Kuchen mitzunehmen. *Timelunch ab 11 Uhr:* Das Tagesgericht wird billi-

eine süße Sünde mit Kaffeebohnen-Kern. *Tgl. | Thomaskirchhof 11 | Tel. 213 21 81 | Straßenbahn 9, Thomaskirche*

CAFÉ MACIS [108 C4]
Mittags sind leckere Salate und Eintopf im Angebot des Biocafés. Brötchen kann man im benachbarten Biomarkt belegen lassen. *Mo–Sa 8–20 Uhr | Markgrafenstr. 10 | Tel.*

> **www.marcopolo.de/leipzig**

22 28 75 17 | Straßenbahn 9, Bus 89, Thomaskirche

ENK [108 C2]

Bistro im luftigen Foyer des Museums der Bildenden Künste mit reduziertem Sichtbeton-Ambiente. Kleine Speisekarte von Salat bis Pasta nach dem Kunstgenuss. *Di, Do–So 10–18, Mi 12–20 Uhr | Katharinenstr. 10 | Tel. 21 53 75 | alle Straßenbahnen ins Zentrum, Goerdelerring*

FROSCH CAFÉ & THEATER [108 A2]

Frisches Ambiente, gute Tortenauswahl. Abends feines Chanson- und Kabarettprogamm. *Tgl. | Thomasiusstr. 2/Ecke Jahnallee | Tel. 22 51 63 | www.frosch-cafe.de | Straßenbahnen 3, 4, 7, 15, Leibnizstraße*

KAFFEEHAUS RIQUET [109 D3]

Klassisches Kaffeehaus im Zeichen des Rüssels: Die Elefantenköpfe am Eingang erinnern an die Tradition des Kolonialwarenhauses Riquet & Co. Heute schlürfen Liebhaber „Elefantenkaffee" mit Likör und genießen den beflissenen Service der spitzenbesetzten Serviererinnen. *Tgl. | Schuhmachergässchen 1 | alle Straßenbahnen ins Zentrum, Augustusplatz*

KÜMMEL-APOTHEKE ⭐ [108 C3]

Sehen und gesehen werden – einen besseren Platz dafür gibt es nicht: An der Rotunde der Mädlerpassage liegt dieses Refugium für Bummler. *Tgl. | Grimmaische Str. 2–4 | Tel. 9 60 87 05 | alle Straßenbahnen ins Zentrum, Goerdelerring*

PFEIFERS EISDIELE [116 A4]

Bliemchen auf der Tapete und den Tischdecken: Bei Pfeifers ist die Zeit in den 1950ern stehen geblieben. *Sa geschl. | Kochstr. 20 | Tel. 39 13 7 90 | Straßenbahnen 10, 11, Arndtstraße*

SCHILLER ▶▶ [108 C4]

Schöne Frauen, wohlsituierte Herren – im Schiller trifft sich Leipzigs Jetset zum Prosecco. Gute Tageskarte, Bagels und Sandwich für den kleinen Hunger. *Tgl. | Schillerstr. 3 | Tel. 22 5 28 28 | Straßenbahnen 2, 8, 9, 10, 11, Wilhelm-Leuschner-Platz*

MARCO POLO HIGHLIGHTS

⭐ **Kümmel-Apotheke**
Frische Austern in der edlen Mädlerpassage schlürfen (Seite 57)

⭐ **Gosenschenke**
„Ohne Bedenken"
Traditionsadresse für das obergärige Bier (Seite 61)

⭐ **Apels Garten**
Außen Platte, innen sächsische Küche auf hohem Niveau (Seite 60)

⭐ **Telegraph**
Nicht nur unter Journalisten eine feste Adresse für ein ausgedehntes Frühstück (Seite 58)

⭐ **Seeterrasse Cospuden**
Spektakulärer Blick über den See während die Sonne untergeht (Seite 63)

⭐ **Café Grundmann**
Leipzigs schönstes Kaffeehaus im Wiener Stil (Seite 56)

CAFÉS & BISTROS

TELEGRAPH ⭐ 🔊   [108 B2]
Große Frühstückskarte für jeden Geschmack, viel Sonne und Blick ins Grüne: Hier kann man sich wunderbar vom Stadtbummel erholen. *Tgl. | Dittrichring 18 | Tel. 14 94 90 | Straßenbahn 9, Bus 89, Thomaskirche*

ZUM ARABISCHEN COFFE BAUM   [108 C2]
Seit 1711 genießen die Sachsen hier bereits ihr „Schälchen Heeßen", und so gilt der *Coffe Baum* neben dem Pariser *Procope* als ältestes Kaffeehaus Europas. *Tgl. | Kleine Fleischer-*

> GOURMETTEMPEL
Kulinarische Experimente, perfekte Bedienung

FALCO ✨   [112 B5]
Zwei Michelinsterne, etliche Auszeichnungen: Das *Falco* in der 27. Etage des Hotels *Westin* steht für höchste Kochkunst. Starten Sie mit einem Drink an der Bar mit Blick auf Leipzigs Skyline. Peter Maria Schnurr zeichnet für leichte französische Küche verantwortlich, Maître Ingo Sperling serviert den passenden Wein. Fünf-Gänge-Menü ab 135 Euro. *Di–Sa ab 18.30 Uhr | Gerberstr. 15 | Tel. 98 82 72 7 | www.falco-leipzig.de | alle Straßenbahnen zum Hauptbahnhof*

MACIS   [108 C4]
Nichts lenkt hier vom Essen ab. Puristisches Interieur, großes Fenster zur Küche. Mediterrane Küche mit Biozutaten. 3-Gänge-Menü ab 33 Euro. *Tgl. | Markgrafenstr. 10 | Tel. 22 28 50 | www.macis-leipzig.de | Straßenbahn 9, Bus 89, Thomaskirche*

MICHAELIS   [116 A2]
Die Küche des Mittelmeerraums inspiriert die Kreationen im modern-dezenten Hotelrestaurant. Das Ganze serviert mit einer Prise saisonaler Überraschungen. Menü ab 33 Euro. *So geschl. | Paul-Gruner-Str. 44 | Tel. 2 67 80 | www.hotel-michaelis.de | Straßenbahnen 10, 11, Hohe Straße/LVB*

MIFUNE   [108 C5]
Direkt vor Ihren Augen bereitet der japanische Koch köstliches Rinderfilet oder frischen Fisch auf dem Teppan-Yaki (heiße Platte) zu. Menü ab 38 Euro. *Sa- und So-Mittag geschl. | Münzgasse 18–20 | Tel. 5 29 70 90 | www.mifune-leipzig.de | Straßenbahnen 10, 11, Karl-Liebknecht-Straße*

STADTPFEIFFER   [109 D3]
Wer das kleine Restaurant im Gewandhaus wählt, entscheidet sich für die große kulinarische Expedition. Petra und Detlef Schlegel holten den ersten Michelin-Stern nach Leipzig. Fünf-Gänge-Menü ab 88 Euro. *Nur abends, So/Mo und Juli/Aug. geschl. | Augustusplatz 8 | Tel. 21 78 92 0 | www.stadtpfeiffer.de | alle Straßenbahnen ins Zentrum, Augustusplatz*

TRESOR   [108 C35]
Außergewöhnliches Ambiente in einer ehemaligen Bank-Schalterhalle. In die Wand sind noch die Geldkassetten eingelassen. Vor den Fenstern erhebt sich die Thomaskirche. Menü ab 50 Euro. *Sa- und So-Mittag und Mo geschl. | Thomaskirchhof 20 | Tel. 98 00 94 7 | www.niemannstresor.de | Straßenbahn 9 | Bus 89, Thomaskirche*

gasse 4 | Tel. 96 10 06 1 | Straßenbahn 9, Thomaskirche | Bus 89, Markt

■ RESTAURANTS € € €

AUERBACHS KELLER [108 C3]

Die Leipziger Traditionsgaststätte schlechthin, die man allerdings nicht in erster Linie wegen des Essens, sondern der historisch gesättigten Atmosphäre wegen besucht. *Tgl., Historische Weinstuben So geschl. | Mädlerpassage | Tel. 21 61 00 | www.auerbachs-keller-leipzig.de | alle Straßenbahnen ins Zentrum, Goerdelerring*

HEINES [115 D2]

Abseits vom Cityrummel speist man im parkähnlichen Garten am weiß gedeckten Tisch. Im Winter prasselt das Feuer im Kamin des schlicht eingerichteten ehemaligen Kutscherhäuschens. Kleine, erlesene Karte. *Nur abends, So geschl. | Karl-Heine-Str. 20 | Tel. 87 09 96 6 | Straßenbahn 14, Nonnenstraße*

KAISER MAXIMILIAN [109 D3]

Das städtische Kaufhaus gibt die Kulisse, edel der Lichthof. Gut für ein gehobenes Mittagessen. Abends Gourmetmenü ab 40 Euro. *So geschl. | Neumarkt 9–19 | Tel. 35 53 33 33 | alle Straßenbahnen ins Zentrum, Augustusplatz*

LA CACHETTE [112 A5]

In elegantem Jugendstilambiente genießt man die gehobene, französisch geprägte Küche. Spezialität sind die herrlichen Austernplatten. Terrasse an der Parthe. *So/Mo geschl. | Pfaffendorfer Str. 26 | Tel. 56 29 86 7 | Straßenbahn 12, Zoo*

Das Kaiser Maximilian im Städtischen Kaufhaus lädt zum Dinner im Lichthof

LUSATIA [108 C2]

Vom Sächsischen Kartoffelsüppchen bis zum gebratenen Bachsaiblingsfilet wird hier die hohe Kochkunst zelebriert. Gemütlicher Gastraum im ersten Stock des berühmten *Arabischen Coffe Baums. So geschl. | Kleine Fleischergasse 4 | Tel. 96 10 06 0 | Straßenbahn 9, Thomaskirche*

RESTAURANTS €€

PANORAMA TOWER 🌿 [109 D3]

Mit dem Turbolift geht's hinauf in die 29. Etage des City-Hochhauses.

Insider Tipp Vom Raum „St. Petersburg" schauen Sie auf die historische Innenstadt, das Rosental und den Hauptbahnhof. Die Dachterrasse ist öffentlich zugänglich, kostet aber 2 Euro Eintritt. *Tgl. | Augustusplatz | Tel. 7100590 | alle Straßenbahnen ins Zentrum, Augustusplatz*

PIAGOR [108 C5]

Kulinarischer Einfallsreichtum gepaart mit kühlem französischem Charme: Diese Mischung brachte dem Piagor einen ausgezeichneten Ruf ein. Hausgemachte Antipasti. *Tgl., Sa/So nur abends | Münzgasse 3 | Tel. 149 47 78 | Straßenbahnen 10, 11, Hohe Straße/LVB*

RESTAURANT IM STELZENHAUS 🌿 [114 C2]

Elegantes Restaurant in ehemaliger Lagerhalle. Toller Blick über den Karl-Heine-Kanal, im Sommer auch vom Biergarten. Beim Quicklunch ins Ti gibt's feine Küche zu erschwinglichen Preisen. *Tgl. | Weißenfelser Str. 65 (Zugang über Industriestraße/ Kanalwanderweg) | Tel. 4924445 | Straßenbahn 3, Elsterpassage*

■ RESTAURANTS €€

APELS GARTEN ⭐ 📶 [108 B3]

Die Leipziger lieben ihren Apels Garten für die vortreffliche einheimische Küche. Der Name erinnert an den Barockgarten des Manufakturisten Andreas D. Apel. *So geschl. | Kolonnadenstr. 2 | Tel. 960 77 77 | www. apels-garten.de | Straßenbahn 9, Thomaskirche*

BARTHELS HOF [108 C2]

Sächsische Küche, einfallsreich aufbereitet: Hinter „Pfaffentiegel" oder „Burggrabenschlemmerei" stecken herzhafte Überraschungen. Im Sommer auch Freisitz. *Tgl. | Hainstr. 1 | Tel. 141310 | www.barthels-hof.de |*

Venedig lässt grüßen – mit der Gondel durch Plagwitz und bei Da Vito anlegen

ESSEN & TRINKEN

alle Straßenbahnen ins Zentrum, Goerdelerring

BAYERISCHER BAHNHOF
GASTHAUS & GOSEBRAUEREI [116 B2]
Munter wie auf dem Bahnhof und trotzdem urgemütlich – so geht es zu unter den Arkaden und in der Gosestube, die mal ein Billett-Stempel-Büro war. In der Biersiederei wird die original Leipziger Gose frisch gebraut. *Tgl. | Bayerischer Platz 1 | Tel. 124 57 60 | Straßenbahnen 2, 9, 16, Bus 60, Bayerischer Platz*

BRASSERIE AUGUSTUS [109 D3]
Ideal, um den Gewandhausabend bei einem Snack ausklingen zu lassen. Rotes Mobiliar und opulente Leuchten verströmen 20er-Jahre-Flair. Gute Weinauswahl; ab 18 Uhr große Frischfischtheke. *Tgl. | Augustusplatz 14 | Tel. 960 96 03 | alle Straßenbahnen ins Zentrum, Augustusplatz*

BRAUHAUS KAISER NAPOLEON [117 F5]
Geschichtsträchtiger Gasthof nicht weit vom Völkerschlachtdenkmal. 1813 tafelten hier Offiziere und russische Generäle. Im schönen Schanksaal wird das Bier selbst gebraut. *Tgl. | Prager Str. 233 | Tel. 246 76 76 | Straßenbahn 15, Prager-, Russenstraße*

DA VITO [115 D2]
In einem schönen Innenhof an der Elster, <mark>mit eigener Anlegestelle</mark> und Gondel, empfiehlt sich das Restaurant mit Freisitz für einen Besuch zu zweit. Exklusive Lage, gute Küche. *Tgl., Fr erst ab 18 Uhr | Nonnenstr. 11 | Tel. 480 26 26 | Straßenbahn 14, Nonnenstraße*

DROGERIE [111 F3]
Nur wenige Tische passen in die winzige (ehemalige) Drogerie. Die kleine Speisekarte wechselt täglich, wird auf einer Tafel präsentiert. Unbedingt reservieren. *Tgl., nur abends | Schillerweg 36 | Tel. 590 63 09 | Straßenbahn 4, Menckestraße*

GLASHAUS IM
CLARA-ZETKIN-PARK [115 E2]
Ideal für die Pause im Grünen. Großer Freisitz mit volkstümlicher Atmosphäre, zum Teil Livemusik. Aus den beiden kleinen Rotunden des Glashauses hat man auch im Winter einen herrlichen Blick in den Park. Beliebter Treff zum Sonntagsbrunch *(ab 9 Uhr). Tgl. | Karl-Tauchnitz-Straße | Tel. 962 78 73 | Bus 89, Robert-Schumann-Straße*

GOSENSCHENKE
„OHNE BEDENKEN" ★ [111 F3]
Hier füllt <mark>Gose</mark> die Gläser. Das obergärige Getränk wird seit 1730 in der Pleißestadt ausgeschenkt. Es erinnert an Berliner Weiße und wird mit Sirup oder Likör gemischt. Das Essen ist deftig, die Einrichtung rustikal. Biergarten unter alten Bäumen. *Tgl. 11–24 Uhr | Menckestr. 5 | Tel. 566 23 60 | www.gosenschenke.de | Straßenbahn 12 | Fr.-Seger-Straße*

Insider Tipp

KESSELHAUS [115 D3]
Restaurant zum Wohlfühlen. Historisches Heizhaus im Innenhof einer alten Fabrik wurde liebevoll wieder hergerichtet. Im Sommer Grillen im Hof. Fast alle Zutaten aus kontrolliert biologischem Anbau. *Tgl., Sa nur abends | Holbeinstr. 29 | Tel. 241 97 90 | Straßenbahnen 1, 2, Stieglitzstraße*

RESTAURANTS €€

KIWARA-LODGE [112 A5]

Unter der Terrasse im Kolonialstil tummeln sich Giraffen, Zebras und Strauße in der Afrikasavanne. Dahinter leuchtet das grüne Rosental. Afrikanisch angehaucht sind auch die Speisen am Mövenpick-Büfett. Nur mit Zoo-Eintrittskarte zugänglich. *Tgl. 9–19 Uhr | Pfaffendorfer Str. 29 | Tel. 593 34 95 | Straßenbahn 12, Zoo*

OSTERIA DON CAMILLO & PEPPONE [108 C2]

Durch die großen Jugendstilfenster im Obergeschoss ist der Blick auf das

>LOW BUDGET

> Bärlauch mit Mandeln, Chili-Banane, Erdnuss-Lamm: Unter jedem Deckel an der Suppenbar des *Suppa Summarum* [118 C6] findet sich eine Überraschung. Große Schüssel 3,80 Euro. Mittwochabend all-you-can-eat für 6,80 Euro. *Tgl., Sa/So erst ab 16 Uhr | Münzgasse 16 | Straßenbahnen 10, 11, Hohe Straße/LVB*

> Im *Café Mule* in der Baumwollspinnerei [114 B2] speisen hungrige Maler: Hier gibt's frisch zubereitet bodenständige Gerichte für ein paar Euro, Kuchen für 1,90 Euro. Schöner Garten. *Mo–Fr 9–20, Sa 10–20, So 10–18 Uhr | Spinnereistr. 7 | Tel. 35 13 77 5 | Straßenbahn 14, Bus 60, S-Bahnhof Plagwitz*

> Sushi schnell und preiswert: Ein guter Tipp ist das *Tabetai* im Hauptbahnhof [109 E1]. Jede Woche Spezialangebote, Sushimenü ab 7 Euro. *Tgl. 9.30–22 Uhr | Hauptbahnhof-Promenaden | Tel. 22 46 857 | alle Straßenbahnen*

Barfußgässchen am schönsten. Gute Pizza aus dem Steinofen. *Tgl., So nur abends | Barfußgässchen 11 | Tel. 96 03 9 10 | Straßenbahn 9, Bus 89, Thomaskirche*

SAKURA SUSHI BAR [108 B3]

Coole Baratmosphäre für Sushifans. Wer sich zu der Runde hinterm Schaufenster gesellt, wird mit frischen Fischvariationen auf Holzschiffchen belohnt. *Tgl. | Bosestr. 4 | Tel. 962 85 17 | Straßenbahnen 1, 2, Gottschedstraße*

SARDINIA [109 D3]

Gemütliches italienisches Restaurant mit Blick auf die Nikolaikirche. Pizza bis Pasta, jahreszeitliche Gerichte auf der Tageskarte. Reservierung empfohlen. *So geschl. | Nikolaikirchhof 5 | Tel. 0176/43 12 31 11 | alle Straßenbahnen Augustusplatz*

SCHREBER'S RESTAURANT [111 E6]

In einem turmgekrönten Fachwerkbau, einem Kleingartenvereinshaus von 1896, steckt diese urgemütliche

Gute Adresse für Liebhaber der japanischen Fischhäppchen: Sakura Sushi Bar

Kneipe. Der Blick auf die Kreidetafel mit den Tagesangeboten lohnt. Rundum erstreckt sich die älteste Kleingartenanlage der Stadt (Mitte 19. Jh.). Schöner, großer Biergarten. *Okt.–März Mo/Di geschl. | Aachener Str. 7 | Tel. 96 11 32 4 | Straßenbahnen 1, 2, Marschnerstraße*

SEETERRASSE COSPUDEN ⭐ [118 A6]
Zauberhafte Sonnenuntergänge können Sie auf der Seewirt-Terrasse am Cospudener See erleben. Wer einen Tisch ergattert, wird mit herrlichen 🌼 See-Ansichten belohnt. Kleine, feine Karte. *Tgl. | Hafenstr. 23 | Tel. 354 26 83 | Straßenbahn 9, Markkleeberg/Forsthaus Raschwitz, dann Bus 107, Zöbigker (Schmiede)*

SHADY [116 A3]
Die köstliche arabische Küche wird vom Chef selbst erklärt. Öllampen verbreiten orientalisches Flair. Große Auswahl an Spielen von Backgammon bis Schach. *Tgl., Mo–Fr nur abends | Körnerstr. 2 | Tel. 462 69 95 | Straßenbahnen 10, 11, Südplatz*

SOL Y MAR ▶▶ [108 B3]
Schuhe aus und rauf aufs Bett! In dieser angesagten Location wird im Liegen geschlemmt. Wer zu spät kommt, der nimmt an der Theke oder auf opulenten Sitzmöbeln Platz. Internationale Küche; unbedingt reservieren! *Tgl. | Gottschedstr. 4 | Tel. 96 15 72 1 | Straßenbahn 9, Bus 89, Thomaskirche*

Insider Tipp

THÜRINGER HOF [108 C3]
Tafeln wie Luther in den Kreuzgewölben des volkstümlichen Gasthauses. Im Sommer auch draußen. 1466 wird der Gasthof erstmals erwähnt, um 1890 ist der Thüringer Hof so bekannt wie das Münchner Hofbräuhaus. Im Zweiten Weltkrieg zerstört, 1993 rekonstruiert. Die richtige Adresse für Sauerbraten und Klöße. *Tgl. | Burgstr. 19 | Tel. 994 49 99 | www.thueringer-hof.de | alle Straßenbahnen ins Zentrum, Goerdelerring*

TRATTORIA NO. 1 [111 E5]
Italiener im feinen Waldstraßenviertel mit viel Lokalprominenz. Große

RESTAURANTS €€

Weinauswahl und gute Tageskarte. *Tgl., Sa/So nur abends | Waldstr. 64 | Tel. 211 70 98 | Straßenbahn 4 , Am Mückenschlösschen*

WEINSTOCK [108 C3]
Lieblingslokal vieler Geschäftsleute: Zentral gelegen, aufmerksamer Service, Mittagsangebot. Der Blick aufs Rathaus ist zurzeit durch die Baustelle des Citytunnels verstellt. *Tgl. | Markt 7 | Tel. 14 06 06 06 | alle Straßenbahnen ins Zentrum, Goerdelerring*

ZILL'S TUNNEL [108 C2]
Das Urgestein unter den Leipziger Gasthäusern. Mit sächsischer Haus-

> SPEZIALITÄTEN
Genießen Sie die typisch Leipziger Küche!

Fettbemme – Für eine echte Vertreterin ihrer Art nehme man ein kräftiges Schweineschmalz, schmiere es großzügig auf dunkles Brot, streue etwas Salz und Pfeffer darüber, fertig!

Gose – Das obergärige Weißbier stammt aus dem Harz, wo bei Goslar das Flüsschen Gose zu finden ist. Um 1730 wurde es zum ersten Mal in der Eutritzscher Gosenschänke angeboten. Heute genießt man es in der Gohliser Gosenschenke. Im Gasthaus Bayerischer Bahnhof wird Leipziger Gose gebraut.

Leipziger Allerlei – Dies Rezept empfahl Feinkosthändlerin Therese Niese 1887 den höheren Töchtern: frisches Gemüse, Morcheln, gefüllte Krebsnasen und Krebsschwänze, mit Butter überträufelt und hübsch angerichtet.

Leipziger Lerchen – Die kleinen, massiven Törtchen bestehen zu einem Teil aus Mürbeteig und sind zum anderen mit Mandelmarzipan gefüllt (Foto).

Leipziger Räbchen – Mit Marzipan gefüllte Pflaumen werden in einen Teig aus Bier, Öl, Zucker und Mehl getunkt und in Öl goldgelb gebacken, dann in Zimt gewälzt und noch warm mit einem Schlag Sahne serviert.

Quarkkeulchen – Eine typisch sächsische Süßspeise, die als Dessert oder als Hauptgericht auf den Tisch kommt. Bestandteile: Kartoffeln, Quark, Rosinen, Eier, Zimt und ein Schuss Cognac.

Sächsische Kartoffelsuppe – Kartoffeln werden zusammen mit Wurzelwerk, Porree, Zwiebel und Bauchspeck gekocht. Danach püriert und mit Liebstöckel, Majoran, Thymian, Kümmel, Petersilie und Kräuteressig fein abgeschmeckt.

Würzfleisch – Unter einer knusprigen Käseschicht verbirgt sich die lecker gewürzte Mischung aus Kalbsbraten und -zunge, vermengt mit Champignons, Crème fraîche und Zitronensaft; eine Note von Lorbeer und Gewürznelken kitzelt die Geschmacksknospen. Ideal als Zwischengericht.

Speisekartenstudium in Zill's Tunnel

mannskost und gemütlicher Schankstube behauptet sich *Zill's Tunnel* bereits seit 1841. Übernachtung im Apartment möglich. *Tgl. | Barfußgässchen 9 | Tel. 960 20 78 | www.zillstunnel.de | alle Straßenbahnen ins Zentrum, Goerdelerring*

RESTAURANTS €

100WASSER [108 C2]
Supergünstig: großes Frühstück sowie zwei Tagesangebote (bis 15 Uhr) für unter 5 Euro; laute Musik. *Tgl. | Barfußgässchen 15 | Tel. 2157927 | Straßenbahn 9, Bus 89, Thomaskirche*

BAGEL BROTHERS [109 D2]
Hier gibt's Bagels in allen Geschmacksrichtungen, mit vielfältigen Zutaten. *Tgl. | Nikolaistr. 42 | Tel. 9803330 | alle Straßenbahnen ins Zentrum, Hauptbahnhof*

FRA DIAVOLO [108 C4]
Helles, luftiges Restaurant mit großer Terrasse auf den Burgplatz. Große Auswahl an Pizza, Pasta und Risotto zu vernünftigen Preisen. *Tgl. | Burgplatz 2 | Tel. 3086860 | Straßenbahnen 2, 8, 9, 10, 11, Wilhelm-Leuschner-Platz*

KOWALSKI [108 A6]
Gehobener Studententreff zwischen gemütlichen Bücherregalen. Im Musikviertel eine feste Adresse für kleine Speisen. Sonnige Terrasse. *Tgl. | Ferdinand-Rohde-Str. 10 | Tel. 2251363 | Bus 89, Mozartstraße*

LUCCABAR [108 C3]
Abseits gelegenes Tramezzini-Paradies. Ab 8 Uhr werden die mediterranen Sandwiches serviert. Abends wird's voll. *Tgl. | Ratsfreischulstr. 10 | Tel. 2255677 | Straßenbahnen 2, 8, 9, Bus 89, Neues Rathaus*

WALDFRIEDEN [116 B5]
Witzige alternative Kneipe am Connewitzer Kreuz. Im Garten befindet sich ein Schiff, zum Klo geht's durch einen Schrank, Poetengruft. Bodenständige Küche für wenig Geld. *Tgl. | Bornaische Str. 56 | Tel. 2235373 | Straßenbahn 11, Pfeffinger Straße*

ZEST [116 B5]
Originelle vegetarische Speisen. Rundrum die alternative Szene der Südvorstadt. *Mo–Fr ab 15, Sa/So ab 10 Uhr | Bornaische Str. 54 | Tel. 2319126 | Straßenbahn 11, Pfeffinger Straße*

> CITY-SHOPPING

Mit flachen Schuhen und Entdeckerfreude zu Galerien,
Modedesignern, Antiquariaten und Schnäppchenläden

> Im Leipziger Passagensystem histori-
scher Messehäuser und anspruchsvoller
Neubauten macht der Bummel bei jedem
Wetter Spaß. Architektur bewundern,
Leute gucken, Designermode und Souve-
nirs kaufen – alles möglich auf einen
Streich.

In den letzten Jahren hat sich Leipzig
nochmal kräftig ins Zeug gelegt, hat
gebaut und saniert und nimmt für
sich in Anspruch, neben Berlin der
stärkste ostdeutsche Einzelhandels-

standort zu sein. Zum Hauptboule-
vard mausert sich die Petersstraße.
Mit dem Karstadt-Haus an der historischen Stelle des Warenhauses Alt-
hoff bekam das Konzept der Leipziger Lichthöfe eine Variante von
Schauwert: Ein riesiges Glasdach
überspannt den Springbrunnen im
Untergeschoss. Zur vollen Stunde
steigt eine Fontäne zur Wassermusik
30 m in die Höhe. So wird der Kon-
sumtempel zur Piazza, die Passage

Bild: Designermode – Pussy Galore, Karl-Liebknecht-Str. 52

ttersü

EIN
KAUFEN

zur Lounge. Lassen Sie sich treiben durch Petershof und Marktgalerie, Messehof und Mädlerpassage, Barthels Hof, Specks Hof und Hansahaus. In Leipzigs Innenhofpassagen weht ein Hauch von Mailand oder Paris. Zeit spielt keine Rolle: Die meisten City-Läden öffnen bis 20, freitags bis 21 Uhr. Im Hauptbahnhof schließen die rund 140 Geschäfte erst 22 Uhr, rund 80 bieten sonntags von 13 bis 18 Uhr ihre Waren feil.

Die Grimmaische Straße als Ost-West-Achse ist die zweite große Einkaufsmeile. Sie wird mit dem Neubau des Uni-Campus weiter aufgewertet. Der Brühl erscheint noch als in Vergessenheit geratener Hinterhof der City. Aber gerade hier finden Sie Mode- oder Schmuckgeschäfte, die in kein Filialisten-Schema passen. Das gilt auch für die Läden an der Karl-Liebknecht- und in der Gottschedstraße.

ACCESSOIRES

■ ACCESSOIRES

KRAWATTEN-ECK [109 D3]

Hier gibt's das traditionelle Herren-anhängsel gediegen, als Kunstobjekt und in Spezialanfertigungen. *Specks Hof | Reichsstr. 4 | alle Straßenbahnen ins Zentrum, Augustusplatz*

KUNTH-HÜTE [109 D2]

Für jeden Kopf gibt es hier einen passenden „Deckel"; dazu stilsichere Typberatung von der Modistin. *Strohsack-Passage | Nikolaistr. 6–10*

Hutauswahl bei Kunth

| alle Straßenbahnen ins Zentrum, Augustusplatz | Bus 89, Reichsstraße

PERLENTAUCHER [116 A3]

Für Fädelfreunde: edle Glas-, Holz-, Muschelperlen in allen Farben und Formen. Mit Zubehör und netten Tipps wird Unikat-Schmuck daraus. *Mo–Fr 11–19, Sa 11–15 Uhr | Karl-Liebknecht-Str. 51 | Straßenbahnen 10, 11, Südplatz*

SCHMUCKWERK HÜBENER ★ [108 C3]

Barbara Hübeners silberne Glanz-stücke: jung, originell und made in Leipzig. *Altes Rathaus/Naschmarkt | Bus 89, Markt*

TASCHENKAUFHAUS LEIPZIG ►► [109 D2]

Hier werden Taschen wie Kunstob-jekte inszeniert. Viele stylische Labels. *Ritterstr. 9–13 | alle Straßenbahnen ins Zentrum, Augustusplatz*

■ ANTIQUITÄTEN & ANTIQUARIATE

GRAFIKANTIQUARIAT KOENITZ [108 C3]

Edel arrangiert: Originalgrafik, Ortsansichten, Künstlergrafik aus dem 16.–20. Jh. *Markt 1 (Rathausarkaden) | Straßenbahnen 2, 8, 9, 10, 11, Wilhelm-Leuschner-Platz*

LEIPZIGER ANTIQUARIAT [109 D3]

Buchkunst der DDR, präsentiert in einem historischen Haus, dem Roten Kolleg (1891/92), umgeben von renovierter Gediegenheit. *Ritterstr. 16 | alle Straßenbahnen ins Zentrum, Augustusplatz | Bus 89, Reichsstraße*

SÄCHSISCHES AUKTIONSHAUS UND ANTIQUARIAT [108 C3]

Kein Geheimtipp, dafür gut sortiert und mit dem Ambiente einer alten Bibliothek. Und viele, viele Bändchen aus dem Insel-Verlag. *Markt 1 (Rathausarkaden) | Straßenbahnen 2, 8, 9, 11, Wilhelm-Leuschner-Platz | Bus 89, Markt*

■ GALERIEN

BAUMWOLLSPINNEREI ★ [114 B2–3]

15 Galerien haben sich auf dem Gelände des ehemaligen Industriekomplexes von 1884 angesiedelt. Darunter die renommierte Galerie *Eigen + Art* von Gerd Harry Lybke (Halle 5 | *Di–Sa 11–18 Uhr*), die *Dogenhaus Galerie* (Halle 4 | *Di–Fr 11–17, Sa 11*

Die aktuelle Kunstszene präsentiert sich in der Baumwollspinnerei

bis 14 Uhr) oder die *maerzgalerie,* in der Torsten Reiter Malerie und Fotografie ausstellt *(Halle 6 | Di–Fr 11 bis 18, Sa 11–16 Uhr).* Skulpturen und Installationen zeigt der *Galerie b2 (Halle 20 | Mi–Fr 13–18, Sa 11–17 Uhr). Spinnereistr. 7 | www. spinnerei.de | Straßenbahn 14, Bus 60, S-Bahnhof Plagwitz*

GALERIE AM SACHSENPLATZ   [108 C2]

Traditionsadresse: Der Künstler Bernhard Heisig brachte 1973 die Galerie mit auf den Weg. Seitdem ein Forum für die Moderne: Leipziger Schule, Bauhaus. *Katharinenstr. 11 |*

Di, Mi, Fr 13–18, Do 13–20, Sa 11 bis 17 Uhr | alle Straßenbahnen ins Zentrum, Goerdelerring

GALERIE SCHWIND   [112 A4]

Werke der Leipziger Schule an authentischem Ort: Die Galerie logiert im einstigen Wohn- und Atelierhaus des Malers Werner Tübke. *Springerstr. 5 | Straßenbahn 12, Nordplatz*

TAPETENWERK ▶▶   [114 B1]

Kreativzentrum auf Industriegelände der Gründerzeit. Die Galerien *photon, Galerie Quartier* und *galerie baumann (Di–Fr 14–18, Sa 12–17*

MARCO POLO HIGHLIGHTS

⭐ **Ganos Kaffee-Kontor & Rösterei**
Frisch gerösteten Kaffee trinken und kaufen (Seite 71)

⭐ **Schmuckwerk Hübener**
Silberne Glanzstücke, originell und made in Leipzig (Seite 68)

⭐ **Goethe Schokoladentaler-Manufaktur**
Sündhaft gute Pralinen (Seite 71)

⭐ **Baumwollspinnerei**
Die Neue Leipziger Schule zog aufs alte Industriegelände (Seite 68)

⭐ **Galerie am Nikolaikirchhof**
Zeitlos schöne Keramik im Bauhausstil (Seite 72)

⭐ **Seiffener Volkskunsterzeugnisse**
Große Auswahl an schönen Holzschnitzwaren (Seite 72)

Uhr) zeigen Fotografie, Experimentelles und Malerei. Kunstpause im *Café Gandine (Haus A | Mo–Fr 14 bis 18, Sa 12–17 Uhr). Lützner Str. 91 | www.tapetenwerk.de | Straßenbahnen 8, 15, Henriettenstraße*

GESCHENKE & WOHNACCESSOIRES

A PRIORI [108 B3]

Chromglänzendes Kochbeiwerk neben noblen Gartenmöbeln. Dazu ausgesuchte **Fruchtaufstriche** von Lutz

Insider Tipp

> LOW BUDGET

> Lieblingsoutfit gesucht? Stöbern Sie in der *Commode:* Schicke Einzelstücke bekannter Marken, denen man das Secondhand nicht ansieht. *Thomasiusstr. 16* [108 A2] *| Straßenbahnen 3, 4, 7, 15, Leibnizstraße*

> Neuer Look vom In-Friseur: Götz Ponater schuf mit dem *Corner Shop* eine beliebte Cut & Go-Adresse. Sie fönen selbst und zahlen bei jeder Haarlänge 19 Euro. *Mo–Fr 10–21 Uhr | Riemannstr. 52* [108 C6] *| Tel. 2111156 | Straßenbahnen 10, 11, Hohe Straße/LVB*

> Kaffee zur Shoppingpause? Auf der Dachterrasse von *Galeria Kaufhof (Neumarkt 1)* [108 D3] gibt's den Blick über Leipzigs Dächer gratis und den zweiten Kaffee für nur 50 Cent.

> Unikate für den Alltag: *Frau Fischer* stellt in ihrem Atelier farbenfrohe Filzdesignstücke vom Portemonnaie bis zum Notizbucheinband für nur 5 bis 15 Euro her. *Mo 12–16, Di–Fr 10 bis 16 Uhr | Karl-Liebknecht-Str. 50* [116 A3] *| Tel. 3194517 | Straßenbahnen 10, 11, Südplatz*

Schilbach. Der Leipziger Architekt kocht in der Freizeit Kreationen aus fast vergessenen, regionalen Kultursorten. *Gottschedstr. 12 | Straßenbahnen 1, 14, Gottschedstraße*

CAPITO – DER SPIELELADEN [109 D3]

Hochwertiges Spielzeug für alle, die gern jonglieren, gute Brettspiele lieben oder neue Spielideen für Draußen suchen. Nette Beratung. *Gewandgässchen (Städtisches Kaufhaus) | Straßenbahnen 2, 8, 9, 10, 11, Wilhelm-Leuschner-Platz*

CULTON [108 C5]

Fundgrube für witzige Geschenke; hier leuchten die DDR-Ampelmännchen aus dem Regal. Wer Mitbringsel ungewöhnlich verpackt und Edles aus Karton mag, sollte vorbeischauen. *Petersssteinweg 9 | Straßenbahnen 2, 8, 9, 10, 11, Wilhelm-Leuschner-Platz*

INDIGO [108 C4]

Seidenbespannte Büchlein, glitzernder Schmuck und Kosmetik. Der geschmackvolle Laden verkauft Lebensart aus Fernost. *Ratsfreischulstr. 8 | Straßenbahnen 2, 8, 9, Neues Rathaus*

MUSEUMSSHOP [108 C3]

Gute Auswahl an Mitbringseln von Porzellanminiaturen bis zur Schneekugel mit dem Leipziger Rathaus. *Im Alten Rathaus | Markt 1 | alle Straßenbahnen ins Zentrum, Goerdelerring*

SCATOLA [109 D3]

Schreiben als Lebenshaltung: Edle Federhalter, Kladden, in Kartonkunstwerke eingefasst und mehr. Schön! *Schuhmachergässchen 2a*

Erst probieren, dann kaufen: Ganos Kaffee-Kontor & Rösterei

(Specks Hof) | alle Straßenbahnen ins Zentrum, Augustusplatz

THOMASSHOP [108 C3]

Schöne Souvenirs rund um Bach, die Thomaner und ihre Kirche. *Thomaskirchof | Straßenbahn 9, Bus 89, Thomaskirche*

▇ KÖSTLICHKEITEN ▇

GANOS KAFFEE-KONTOR & RÖSTEREI ★ [108 C5]

Die Sachsen lieben Kaffee bekanntermaßen sehr, also gibt's auch einen Laden, in dem die braune Bohne geröstet und zubereitet wird. Das Angebot kann sich sehen lassen. *Wilhelm-Leuschner-Platz 9 | Straßenbahnen 2, 8, 9, 10, 11, W.-Leuschner-Platz*

GOETHE SCHOKOLADENTALER-MANUFAKTUR ★ [108 C3]

Lavendel, Ingwer, Chili – mit exotischen Zutaten bereiten die Chocolatiers vor den Augen der Kundschaft extra-frische Pralinen zu. *Marktgalerie | Markt 11–15 | alle Straßenbahnen ins Zentrum, Goerdelerring*

GOURMÉTAGE [108 C3]

Gute Auswahl an Wein, Whiskey und Feinkost. Probieren Sie gleich im Laden! *Grimmaische Str. 2–4 (Mädlerpassage) | alle Straßenbahnen ins Zentrum, Augustusplatz*

KAFFEE RICHTER [108 C4]

<mark>Holzgetäfelte</mark> Gediegenheit empfängt den Kaffee- und Teefreund. Hier gibt es süße Souvenirs wie die „Leipziger Bachpfeiffen" (Pralinés, gefüllt mit Kaffeecreme). *Petersstr. 43 | Straßenbahnen 2, 8, 9, 10, 11, Wilhelm-Leuschner-Platz*

Insider Tipp

MANGIARE [116 A3]

Eingelegte Oliven, Wurst und Schinken in hauchdünnen Scheiben, frische Kapern und eine ordentliche Weinauswahl. *Karl-Liebknecht-Str. 73 | Straßenbahnen 10, 11, Südplatz*

▇ KUNSTHANDWERK ▇

FACHGESCHÄFT FÜR MEISSNER PORZELLAN [108 C3]

Vitrinen voller Kostbarkeiten, gute Beratung. *Markt 1 (Rathausarkaden)*

| Straßenbahnen 2, 8, 9, 10, 11, Wilhelm-Leuschner-Platz | Bus 89, Markt

GALERIE AM NIKOLAIKIRCHHOF ⭐ [109 D3]

Die Keramik von Hedwig Bollhagen hat viele eingefleischte Fans: Im schlichten Streifen gehalten wirkt sie nach Jahrzehnten noch modern. *Ritterstr. 5 | alle Straßenbahnen ins Zentrum, Augustusplatz*

SEIFFENER VOLKSKUNSTERZEUGNISSE ⭐ [108 C3]

Räuchermännel, Weihnachtspyramiden, Schwibbögen und mehr. *Altes Rathaus/Naschmarkt | Bus 89, Markt*

Spezialist für Noten: Musikalien-Oelsner

■ MÄRKTE ■

Wochenmarkt in der City (auf dem Markt und im Salzgässchen) *Di und Fr 9–17, Sa 10–17 Uhr.* Schnäppchenjäger sind schon früh auf den Beinen, um auf dem großen *Flohmarkt in Markkleeberg* [119 E3] Porzellan, Silber und Kurioses zu ergattern *(letztes Wochenende im Monat | agra-Gelände | Bornaische Str. 210 | Straßenbahn 11, Am Eichwinkel).*

■ MODE & SCHUHE ■

CULTON M [108 C5]

Einkaufen wie unter Freundinnen: das Lieblingsteil in spe auf der Couch einsitzen und plaudern. *Peterssteinweg 7 | Straßenbahnen 2, 8, 9, 10, 11, Wilhelm-Leuschner-Platz*

DESIGNER OUTLET CENTER/STÄDTISCHES KAUFHAUS [108 D3]

In Leipzigs ältestem Messehaus hat sich das erste innerstädtische Designer Outlet Center (D.O.C.) Deutschlands eingemietet. Gant, Etro oder Stone Island zu Fabrikpreisen. *Neumarkt 9–19 | Straßenbahnen 2, 8, 9, 10, 11, W.-Leuschner-Platz*

DIE GRAUE MAUS [116 A3]

Klare Linien mit witzigen Details zeichnen die Mode der Leipziger Designerin Maria-Gabriele Schenke aus. *Mo–Do ab 10 Uhr | Karl-Liebknecht-Str. 50 | Straßenbahnen 10, 11, Südplatz*

HAUTNAH ▶▶ [109 D2]

Gummi, Lack und Leder für den ganzen Körper und den ausgefallenen Geschmack. *Nikolaistr. 12–14 | www.haut nahmode.de | alle Straßenbahnen ins Zentrum, Hauptbahnhof*

MELLORY [109 D2]

Schuhe: Fundgrube für Fans von Camper, A.R.T. und diversen Sportschuhen. *Nikolaistr. 47–51 | alle Straßenbahnen ins Zentrum, Hbf.*

MRS. HIPPIE ▶▶ [116 A3]

Außen eher schmuddelig, innen kultig. Getragen von Räucherstäbchenduft schweben die Besucher durch die tücherverhangene Lagerhalle und schwelgen im bunten Klamottenangebot. *Karl-Liebknecht-Str. 36 | Straßenbahnen 10, 11, Südplatz*

SCHEINKRAFT [109 D2]

Trendschau von den hippen Zentren der Welt – von Barcelona über Tokio bis New York: Mode, Schmuck, Schuhe, Haarschnitt. *Brühl 34–50 | alle Straßenbahnen ins Zentrum, Hbf.*

TRAGBAR [109 D3]

Wohltuender Kontrast zu den großen Kaufhäusern: Jeans, Kleider und Strick in klassischen Schnitten von weniger bekannten Marken. *Hansahaus | Grimmaische Str. 13–15 | alle Straßenbahnen ins Zentrum, Augustusplatz*

SILKE WAGLER [108 C3]

Weich fließende Träume aus Seide und Samt fertigt Silke Wagler in ihrem Atelier. *Thomaskirchhof 20 | Straßenbahn 9, Thomaskirche*

◼ MUSIK, COMICS, BÜCHER ◼

COMIC-COMBO [108 C6]

Batman und die ==Abrafaxe,== das DDR-Pendant zu Asterix & Obelix, Riesige Manga-Auswahl. *Karl-Liebknecht-Str. 2 | Straßenbahnen 10, 11, Hohe Straße/ LVB*

LEIPZIG-LADEN NO. 1 [108 C3]

Wissenslücken in Sachen Leipzig oder Sachsen? Die Verlagsbuchhandlung Bachmann hat alles. Mitbringsel: literarische Klassiker in Daumengröße. *Markt 1 (Rathausarkaden) | alle Straßenbahnen ins Zentrum, Goerdelerring*

MUSIKALIENHANDLUNG OELSNER [109 D4]

Hier bekommen Sie nicht nur Bachnoten; die Musikalienhandlung von 1860 hat den besten Ruf und eine große Auswahl. *Schillerstr. 5 | Straßenbahnen 2, 8, 9, 10, 11, Wilhelm-Leuschner-Platz*

OPUS 61 [109 D3]

Was Sie wollen: Standardwerke der Klassik, ausgefallene Aufnahmen, Jazz und fachgerechte Beratung. *Nikolaistr. 19–21 | alle Straßenbahnen ins Zentrum, Augustusplatz*

◼ SPEZIELLES ◼

ALLERLEI/DER DDR-LADEN [109 D2]

In dem stilecht sozialistisch-nüchternen Interieur findet man kleine Trabis, rote Fassbrause und Alltagshelfer aus Plaste und Elaste. *Nikolaistr. 39 | alle Straßenbahnen ins Zentrum, Hauptbahnhof*

FIFI [116 A6]

Modelabel der Hochschule für Grafik und Buchkunst. Die Schüler von Neo Rauch & Co. entwerfen u.a. originelle T-Shirts, Postkarten und Poster. Der weite Weg hinters Connewitzer Kreuz lohnt sich. *Mi–Fr 13–19, Sa 13–16 Uhr | Wolfgang-Heinze-Str. 38 | Straßenbahn 9, Mathildenstraße*

> ENDLICH WIRD DIE NACHT ZUM TAG

Nachtschwärmer genießen Cocktails und Kabarett im Schatten von Oper und Gewandhaus

> Egal, ob Sie einen Cocktail im Waschsalon trinken möchten, ein Pointenfeuerwerk im Kabarett bevorzugen oder die große Gala im Gewandhaus: In Leipzigs Nachtleben ist so ziemlich alles möglich. Nicht einmal auf das Sommerloch ist Verlass: Längst wird es mit Openair-Aufführungen der Schauspielszene gefüllt. Und die Musikstadt wird ihrem Ruf ganzjährig mit Konzerten gerecht. Für Leipzigs Vergnügungssüchtige gibt es drei Konstanten: den Dralle-

watsch zwischen Markt und Dittrichring, das Schauspielviertel in der Gottschedstraße und die Kulturmeile Süd auf der Karl-Liebknecht-Straße. Im Barfußgässchen kann man im Sommer zwischen den unzähligen Tischen und Stühlen die Übersicht verlieren. Im Schauspielviertel öffneten rund um das Centraltheater Bars, Bistros, Cafés für jede Tageszeit. Auf der Südmeile haben sich Leipzigs Kulturpioniere angesiedelt, z.B. im

Bild: Konzert in der Moritzbastei

AM ABEND

Club-Urgestein *naTo,* wo Kleinkunst und ein exzellentes Kinoprogramm geboten werden. Zwischen Münzgasse und Connewitzer Kreuz fällt man von einer Kneipe in die nächste. Außerdem leisten sich die Sachsen die Freiheit einer nur einstündigen Sperrstunde (5–6 Uhr). Nur bei den Freisitzen ist man strenger: Gegen 22 Uhr wird abkassiert, den schlafbedürftigen Nachbarn zuliebe. Für Nachtschwärmer geht's dann erst los, in vielen Clubs braucht man vor 23 Uhr gar nicht aufzukreuzen.

Wer in Leipzig ausgeht, kommt an den Kulturleuchttürmen nicht vorbei: Oper und Gewandhaus stehen sich am Augustusplatz mit vorzüglichen Programmen gegenüber. Das Centraltheater setzt unter dem jungen Intendanten Sebastian Hartmann auf moderne Inszenierungen bekannter Klassiker und zeitgenössische Autoren. Publikumsmagnet für alle Generationes ist die traditionsreiche, freche, politische und stark sächsisch gefärbte Kabarettszene.

■ BARS & CASINO

1770   [108 C1]

Nobelbar im Hotel Fürstenhof. An der Wand Bilder der VIPs, die hier zu Gast waren. Weinkarte, kleine warme Küche. *Tgl. ab 12 Uhr | Tröndlinring*

CAFÉ CANTONA ▶▶ 📶   [109 D5]

„Shabby Chic" im unrenovierten Altbau nahe dem Stadtzentrum. Leipzigs kreative Szene guckt hier auf DDR-Mobiliar Tatort- und Sportübertragungen. Preiswerte Karte mit Salaten, Pasta, exzellentem Curry. *Tgl. | Windmühlenstr. 29 | Tel. 225 43 02 | Straßenbahn 2, 9, 16, Roßplatz*

Im BarCelona werden Urlaubsgefühle wach

8 | Tel. 14 03 33 | alle Straßenbahnen ins Zentrum, Goerdelerring

BARCELONA ⭐   [108 B3]

Spanische Gefühle in erdig brauner Schlauchbar. Am Tresen legt einem der Koch vom Tapasbüfett den Süden auf die Zunge. *Gottschedstr. 12 | Tel. 212 61 28 | Straßenbahnen 1, 14, Gottschedstraße*

CANITO   [108 B3]

In dem gemütlichen Bistro kommt der Chef selbst an den Tisch, bereitet auf Wunsch mediterrane Spezialitäten zu. Freitags Piano, buntes Programm von Film bis Gesang. *Di/Mi 10–19, Do–Sa 10–23 Uhr | Gottschedstr. 13 | www.canito-mediterrane.de | Straßenbahnen 1, 14, Gottschedstraße*

❯ www.marcopolo.de/leipzig

CASINO PETERSBOGEN　　　[108 C4]
Lassen Sie Tokens springen: Alles ganz amerikanisch gestylt, über 100 Spielautomaten. *Tgl. ab 14 Uhr | feiertags geschl. | Petersbogen | Straßenbahnen 2, 8, 9, 10, 11, Wilhelm-Leuschner-Platz*

KILLYWILLY　　　[116 A3]
Pub mit Stammpublikum. Palaveratmosphäre im urigen Irish Pub (Ableger im Barfußgässchen). *Karl-Liebknecht-Str. 44 | Tel. 213 13 16 | Straßenbahnen 10, 11, Südplatz*

MAGA PON　　　[108 B3]
Kult-Waschsalon mit Kneipe. Lange Jahre schlürfte Tatort-Kommissar Ehrlicher an der Bar seinen Cappuccino. Gute Küche. *Tgl. ab 10 Uhr | Gottschedstr. 11 | Tel. 96 2 76 11 | Straßenbahnen 1, 14, Gottschedstraße*

MEPHISTO-BAR　　　[108 C3]
Faustisches Flair mit teuflisch-rotem Interieur und Theaterfotos lockt zu Kuchen und Cocktails. *Tgl. | Mädlerpassage | Tel. 21 61 00 | Straßenbahnen 2, 8, 9, 10, 11, Wilhelm-Leuschner-Platz*

VODKARIA　　　[108 B2]　*Insider Tipp*
Hier ist man schon fast in Russland. Mehr als 400 Sorten Wodka, originelle Cocktails und Pelmeni mit Sauerrahm. Das Interieur ist gar nicht unterkühlt. Stimmungsvolle Pub-Atmosphäre. *Tgl. ab 18 Uhr | Gottschedstr. 15 | Tel. 44 28 8 68 | Straßenbahnen 1, 14, Gottschedstraße*

■ CLUBS & DISKOTHEKEN ■

BACHSTATT　　　[108 C3]
Mit Johann Sebastian Bach hat der Club nichts zu tun, stattdessen wummert Elektro über den Dancefloor, junges Publikum. *Fr/Sa | Barfußgässchen 12 | Straßenbahn 9, Thomaskirche*

DISTILLERY ▶▶　　　[116 B3]
Urgestein in Sachen Techno, House, Underground-Clubbing. *Mi, Fr–So ab 23 Uhr | Kurt-Eisner-/Lößniger Straße | Tel. 35 59 74 00 | Straßenbahn 9, Kurt-Eisner-Straße*

MARKT 1　　　[108 C2]
Feiner Anzug trifft Blondie. „Guggn" und Baggern ist Pflicht im Edelschuppen. *Mi–Sa ab 19 Uhr | Katha-*

MARCO POLO HIGHLIGHTS

⭐ **academixer**
Kabarett, aufgequirlt mit Musik und Witz (Seite 78)

⭐ **Gewandhaus**
Klassische Konzerte auf Weltniveau (Seite 79)

⭐ **BarCelona**
Spanische Konstante im Leipziger Nachtleben (Seite 76)

⭐ **Ilses Erika**
Junge Bands und bekannte Popgrößen heizen im Keller kräftig ein (Seite 79)

⭐ **Moritzbastei**
Studentenclub in uriger Festungsanlage (Seite 80)

⭐ **Centraltheater**
Theater für junge Leute – anspruchsvoll und unterhaltsam (Seite 81)

rinenstr. 13 | Tel. 960 33 06 | alle Straßenbahnen ins Zentrum, Goerdelerring

NACHTCAFÉ [108 C4]

Der Klassiker unter Leipzigs Diskotheken. Black und House Music werden live im Radio übertragen. *Mi, Sa | Petersstr. 39–41 | www.nachtcafe. com | Straßenbahnen 2, 8, 9, 10, 11, Wilhelm-Leuschner-Platz*

SPIZZ
JAZZ- UND MUSIC-CLUB ▶▶ [108 C2]

Jazz und Funk in lockerer Atmosphäre machen den Partykeller zu einem beliebten Studententreff. *Mi, Fr, Sa und zu Veranstaltungen | Markt 9 | Tel. 96 08 0 43 | www.spizz.info | alle Straßenbahnen ins Zentrum, Goerdelerring*

❯LOW BUDGET

❯ Das *Gewandhaus* [109 D3–4] *(S. 79)* bietet Last-Minute-Preise für Studenten an, wenn die Vorstellungen nicht ausverkauft sind. Die Großen Konzerte am Donnerstag kosten dann 9 Euro, Kammermusiken des eigenen Orchesters 3–6 Euro. Der Last-Minute-Verkauf beginnt etwa eine Stunde vor Vorstellungbeginn. Trotzdem vorher anrufen, denn er ist abhängig vom Kartenkontingent, und Studentenausweis nicht vergessen.

❯ Skurril und noch immer preiswert sind die Kiezkneipen rund ums Connewitzer Kreuz [116 A–B5]. Bei *Frau Krause (Simildenstr. 8)* oder im *Goldfisch (Wolfgang-Heinze-Str. 15)* gibt es das große Bier vom Fass noch für zwei Euro.

VOLKSPALAST [117 D4]

Donnerkuppel, 11 Bars, und ein Restaurant: Im Pantheon, 1913 aus Beton errichtet, steppt der Bär. House, Black, Techno. *Donnerkuppel Fr/Sa ab 21 Uhr | Messehalle 16 | Altes Messegelände | Prager Straße | Tel. 24160 | Straßenbahnen 2, 15, Altes Messegelände*

◼ KABARETT

ACADEMIXER ★ [109 D3]

Politisches Kabarett; unbequem bis zur Bauhaus-Bestuhlung. In der Kneipe *Mixer* sitzen Sie neben den Künstlern. *Kupfergasse 2 | Tel. 21 78 78 70 | www.academixer.com | alle Straßenbahnen ins Zentrum, Augustusplatz*

KABARETT-THEATER
SANFTWUT [108 C3]

Musikkabarett mit Improvisationslust. Danach ist man in der Kneipe gut aufgehoben. *Mädlerpassage (Aufgang D) | Tel. 96 12 3 46 | www.sanftwut.de | alle Straßenbahnen ins Zentrum, Goerdelerring*

LEIPZIGER FUNZEL [109 D3]

Unterhaltsames mit schwarzem Humor heckt Thorsten Wolf, der „Woody Allen von Leipzig", aus. *Nikolaistr. 6–10 | Tel. 960 32 32 | www.leipziger-funzel.de | alle Straßenbahnen ins Zentrum, Augustusplatz | Bus 89, Reichsstraße*

LEIPZIGER PFEFFERMÜHLE [108 C3]

Der Alltag wird gnadenlos durchgedreht: Das älteste Leipziger Kabarett (seit 1954) spritzt im Kosmos-Hotel Gift. *Gottschedstr. 1 | Tel. 960 31 96 | Straßenbahn 9, Thomaskirche*

Schönes Ambiente und gute Stimmung im Spizz am Markt

■ KONZERTE ■

Es muss nicht immer das Gewandhaus sein. Im Völkerschlachtdenkmal, in Museen, Kirchen und Gerichten: An allen Ecken und Enden wird in Leipzig musiziert. Auch Laienorchester sind hochkarätig besetzt, oft von Gewandhausmusikern unterstützt. Ein Blick in die Tagespresse informiert über aktuelle Termine.

GEWANDHAUS ⭐   [109 D3–4]

Klassiker und zeitgenössische Musik auf höchstem Niveau vom Gewandhausorchester, dem MDR-Symphonieorchester, dem Thomanerchor; auch Gastspiele, Jazzkonzerte. *Augustusplatz 8 | Tel. 127 03 09 | www. gewandhaus.de | Kasse Mo–Fr 10 bis 18, Sa 10–14 Uhr | alle Straßenbahnen ins Zentrum, Augustusplatz*

HOCHSCHULE FÜR
MUSIK UND THEATER   [108 A5]

Moderner Konzertsaal hinter dem ehrwürdigen, von Felix Mendelssohn Bartholdy gegründeten Konservatorium. Internationale Preisträger spielen Musicals, Jazz, Alte Musik. Gastkonzerte. *Grassistr. 8 | Tel. 214 46 15 | www.hmt.leipzig | Straßenbahnen 2, 8, 9, Neues Rathaus | Bus 89, Wächterstraße*

■ LIVEMUSIK ■

BLACK LABEL   [116 A5]

Klein, knarzig, authentisch: Wie eine irische Insel aus Whiskyduft und blauem Dunst taucht dieser Pub aus dem Connewitzer Kiez auf. Di und So Livemusik. *Tgl. ab 18 Uhr | Wolfgang-Heinze-Str. 38 | Tel. 391 99 15 | Straßenbahn 9, Mathildenstraße*

ILSES ERIKA ⭐   [116 B5]

Der Kultclub der Stadt: Im Keller herrscht schon mit fünf Leuten Partystimmung, wechselnd Shows, Konzerte, Disko. *Tgl. ab 22 Uhr | Bernhard-Göring-Str. 152 | Tel. 306 51 11 | Straßenbahnen 9, 10, 11, Connewitzer Kreuz*

OFF-KULTUR

TONELLIS'S [111 F6]

Mit Live Acts und Jazz fing das Tonelli's an, inzwischen gibt's auch Lesungen und Kabarett im täglich wechselnden Programm. Wer genug gesehen hat, chillt am Billardtisch. *Tgl. ab 20 Uhr | Elsterstr. 35 | Mobiltel. 0177/603 19 78 | www.tonellis. de | Straßenbahnen 1, 2, 14, Westplatz*

■ OFF-KULTUR

Ob in den Katakomben der Moritzbastei, in einer Jugendstilvilla in Plagwitz, in der Weinstube eines Schnapsfabrikanten: Leipzigs Off-Kulturszene trifft sich bevorzugt in ausgefallenen Locations. Von originellen Lesungen bis zu fetzigen Jazz-Sessions wird das Programm täglich neu gemischt – das sollten Sie keinesfalls auslassen!

HORNS ERBEN ▶▶ [116 A3] Ins Ti

Früher Weinstube des Schnapsbrenners Wilhelm Horn. Holzgetäfelte Wände, unscheinbarer Eingang, Bar. Wunderbarer Ort für Dichterlesungen (meist mittwochs), Clubbing, Jazz am Wochenende. *Arndtstr. 33 | Tel. 46 26 0 27 | www.horns-erben.de | Straßenbahnen 10, 11, Südplatz*

MORITZBASTEI ★ [109 D4]

Labyrinth unter Tage. Der Gewölbekeller der ehemaligen Bastei wurde in den 70er-Jahren von Studenten freigelegt. Ruhige Ecken fürs Plauschen, Essen, Hören und Diskutieren. Große Gewölbe für schrille Konzerte, Disko. *Mi, Fr, Sa Disko und Konzert | Veranstaltungen unter www.moritzbastei.de | Universitätsstr. 9 | Tel. 70 25 90 | alle Straßenbahnen ins Zentrum, Augustusplatz*

❯ BÜCHER & FILME
Von Wendezeiten und Kommissaren

❯ **Nikolaikirche** – Erich Loests Roman über die friedliche Revolution im Herbst 1989 ist ein Standardwerk. Die Anfänge der Montagsdemos und den Kampf gegen Spitzel und Staatsapparat verfolgt Loest zurück bis ins Jahr 1968, als die SED-Stadtleitung die Paulinerkirche sprengen ließ.

❯ **Als wir träumten** – Um die Verlierer der Wende geht es in dem packenden Roman von Clemens Meyer. Vier Jugendliche im Leipziger Osten führen ein Leben im Dunstkreis von Alkohol, Straßenkämpfen und Kleinkriminalität.

❯ **Das Fliegende Klassenzimmer** – Ein echter Filmspaß für Jung und Alt ist diese Verfilmung des Erich-Kästner-Klassikers. Der Streifen von Tomy Wigand spielt im Internat der Thomaner und ist mit hochkarätigen Schauspielern besetzt: u.a. mit Ulrich Noethen und Sebastian Koch.

❯ **Tatort/SOKO Leipzig/In aller Freundschaft** – Auch im Fernsehen ist Leipzig präsent, der MDR-Sendezentrale sei's gedankt: Wenn nachts Scheinwerfer den Park erleuchten, sind wahrscheinlich gerade mal wieder die Kommissare vom Tatort oder der SOKO Leipzig im Einsatz. In die beste Sendezeit der ARD rückte die in Leipzig produzierte Arztserie „In aller Freundschaft" auf.

AM ABEND

NATO ▶▶ [116 A3]

Schon zu DDR-Zeiten traf sich in dem grünen Flachbau die alternative Szene. Internationales Programmkino mit Filmreihen, Konzerte, Lesungen, Kneipe; und alle zwei Monate bittet Kultautor Kudernatsch zum Interview auf seine Kautsch. *Tgl. ab 19 Uhr | Karl-Liebknecht-Str. 46 | Tel. 39 15 53 9 | www.nato-leip zig.de | Straßenbahnen 10, 11, Südplatz*

SCHAUBÜHNE LINDENFELS [114 C2]

Grüner Salon, doppelstöckiger Ballsaal, Restaurant und Café – alles vereint in einer wunderschönen Jugendstilvilla. Bekannte Autoren, Theater und ambitioniertes Programmkino. *Karl-Heine-Str. 50 | Tel. 48 46 20 | www.schaubuehne.com | Straßenbahn 14, Karl-Heine-, Merseburger Straße*

■ THEATER & OPER ■

CENTRALTHEATER ⭐ [108 B2–3]

Hamlet in modern, die Matthäuspassion auf der Bühne – Leipzigs Stadttheater (vormals *Schauspiel Leipzig*) fordert das Publikum heraus. *Bosestr. 1 | Tel. 12680 | www.centraltheater-leipzig.de | Straßenbahn 9, Bus 89, Thomaskirche*

HAUS DREILINDEN [115 D1]

Operetten und Musicals in traumschönen Inszenierungen. *Dreilindenstr. 30 | Tel. 126 11 15 | Straßenbahnen 3, 7, 8, 15, Angerbrücke*

OPERNHAUS [109 E3]

Publikumsnahe Inszenierungen, hervorragendes Ballett, und im Graben spielt das Gewandhausorchester. Seit

Große Gefühle im Centraltheater

der Renovierung ist das Haus ein Vorzeigeobjekt für DDR-Architektur. *Augustusplatz 12 | Tel. 126 12 61 | alle Straßenbahnen ins Zentrum, Augustusplatz*

THEATER DER JUNGEN WELT [114 C1]

Poetische Inszenierungen für Kinder und Jugendliche; seit kurzem auch für Erwachsene. *Lindenauer Markt 21 | Tel. 48 66 00 | Straßenbahnen 7, 8, 15, Lindenauer Markt*

VARIETÉ-THEATER KRYSTALLPALAST [109 D4]

Der Name ist eine Reminiszenz an das größte Varieté Europas, das bis 1943 in Leipzig war. Heute verzaubern hier Entertainer und Magier. *Magazingasse 4 | Tel. 14 06 60 | Straßenbahnen 2, 8, 9, 10, 11, Wilhelm-Leuschner-Platz*

> GUT GEBETTET

Saniert, gestylt und manchmal mit Kunstgenuss:
Bei der Hotelwahl haben Leipzigs Besucher gute Karten

> Möchten Sie einmal übernachten wie Karl Marx im Hotel am Bayrischen Platz oder lieber wie Tennisstar Martina Navratilova im noblen Lindner? In jedem Fall werden Sie gut gebettet: Die mehr als 60 Hotels in der Stadt sind in der Regel neu erbaut oder saniert. Es gibt jede Menge Hotels mit einigem Komfort.

Allein rund um Bahnhof und Brühl wetteifert ein Dutzend Hotels um Gäste. In Messenähe sind moderne Hotelkästen aus dem Boden geschossen, in den Stadtteilen locken weniger spektakuläre Herbergen. Gut für den Geldbeutel: Selbst die gehobenen Hotels sind erschwinglich. Die meisten verfügen über Tiefgaragen oder Hotelparkplätze. Dafür fehlt zwischen Marmorbad und Hotspot zuweilen etwas anderes: die Tradition. Der Charme des Vergangenen ist oft entweder aufwendig wieder hergerichtet oder hat sich in neuzeitlichem Design verloren.

Bild: Zimmer „Pop-Art" im Kosmos-Hotel

ÜBER NACHTEN

Zu Publikumsmessen boomt das Geschäft: Die Zimmerpreise schnellen in die Höhe, viele Häuser sind ausgebucht. Am Wochenende und im Hochsommer ist es ruhiger, und dann lassen sich die Leipziger Gastgeber etwas einfallen: kulinarische Themenwochen in pfiffigen Hotelrestaurants, Vernissagen oder Tageskarten für den Wellnessbereich. Nutzen Sie einfach diese Vorteile, und fragen Sie nach Sonderangeboten.

■ HOTELS €€€

BREITENFELDER HOF 🔊   [113 C3]

Hier entspannen nicht nur Tagungsgäste: Die Villa und das Gästehaus im hoteleigenen Park zeigen Stil. Gute Küche im *Gustav's*, geschmackvoll eingerichtete Zimmer und für den Extrakick gibt's einen Hochseilpark. *75 Zi. | Lindenallee 8 | Tel. 465 10 | Fax 465 11 33 | www.breitenfelder hof.de | Straßenbahn 10, Bahnhof Wahren, dann Bus 87, Lindenallee*

HOTELS €€€

GÄSTEHAUS LEIPZIG ⭐ [108 B5]

Bis 2006 logierten Minister und andere Gäste der Stadt in der herrschaftlichen Villa von 1908. Familie Drabitzsch hat sie alle empfangen und führt das Haus von Jens Voss sehr persönlich. Die ruhigen Zimmer sind klassisch möbliert. Das Haus wird behutsam modernisiert. Beliebt: Frühstück nach Wunsch, serviert am Tisch. *8 Zi., 2 Apt. | Wächterstr. 32 | Tel. 14063131 | Fax 14063132 | www.gaestehaus-leipzig.de | Straßenbahnen 2, 8. 9, Neues Rathaus | Bus 89, Wächterstraße*

LEIPZIG MARRIOTT HOTEL [109 D2]

Internationales Flair, opulente Einrichtung in Dunkelgrün und Bordeauxrot. Edles Frühstücksrestaurant mit Blick auf den Brühl. Wellnessbereich mit Schwimmbad, Whirlpool, Sauna. Trotz des First-Class-Ambientes bleibt die Atmosphäre locker:

Art déco in bester Lage – das Seaside Park Hotel

Im Bademantel mal kurz an die Rezeption – kein Problem. Auf US-Geschmack sind *Allie's American Grille* und die *Champions Bar* zugeschnitten. *231 Zi., 6 Suiten | Am Hallischen Tor 1 | Tel. 965 30 | Fax 965 39 99 | www.marriott.de | alle Straßenbahnen ins Zentrum, Hauptbahnhof*

RADISSON SAS LEIPZIG ⭐ 📶 [109 E3]

Neue Glasfassade, elegantes Innenleben: Tassilo Bost schuf Wohlfühl-Zimmer mit dunklem Holz und den Farben Aubergine und Weiß. Zum Teil verglaste Bäder, Espressomaschinen. Suite buchbar mit Mini-

Cooper-Leihwagen. Ausprobieren: das *Spagos Grill and Bar* mit ausgezeichneten Weinen und kleiner Speisekarte. *214 Zi. | Augustusplatz 5–6 | Tel. 214 60 | Fax 214 68 15 | alle Straßenbahnen ins Zentrum, Augustusplatz*

SEASIDE PARK HOTEL ⭐ 📶 [109 D2]

Gepflegtes Hotel mit Tradition: Zur Einweihung des Völkerschlachtdenkmals öffnete ein Grandhotel hier seine Pforten. Die Lage ist nach wie vor exzellent. Art déco schnörkelt sich durchs denkmalgeschützte Haus – vom Teppich bis zu den Lampen. Individuell geschnittene Zimmer. Im Souterrain speist man im *Steak Train*, während die Landschaft per Video vorbeigleitet. *288 Zi., Suiten und Boardinghouse-Ap. | Richard-Wagner-Str. 7 | Tel. 985 20 | Fax 985 27 50 | www.parkhotelleipzig.de | alle Straßenbahnen ins Zentrum, Hauptbahnhof*

VICTOR'S RESIDENZ-HOTEL ⭐ [109 E2]

Hinter der denkmalgeschützten Jugendstilfassade verbirgt sich ein First-Class-Hotel. Gegenüber vom Leipziger Hauptbahnhof nächtigt man am Puls der Stadt. Die stilvollen Zimmer sind trotzdem ruhig. 36 m²-Hochzeitssuite ganz in Weiß. *97 Zi., 4 Suiten | Georgiring 13 | Tel. 686 60 | Fax 686 68 99 | www.victors-leipzig.bestwestern.de | alle Straßenbahnen ins Zentrum, Hauptbahnhof*

■ HOTELS € €

ADAGIO [109 E5]

Gründerzeithaus im Plattenbauviertel, zentral, nahe Innenstadtring. Einfaches Hotel mit nettem Freisitz im Hof. *32 Zi., 2 Ap. | Seeburgstr. 96 | Tel. 21 66 90 | Fax 960 30 78 | www.hotel-adagio.de | Straßenbahnen 4, 7, 12, 15, Johannisplatz*

BALANCE HOTEL LEIPZIG – ALTE MESSE 📶 [117 E4]

Viel Platz bietet der Neubau in Stötteritz. Grüner Innenhof, in dem man im Sommer frühstücken kann. Nettes Extra: Hotelgäste erhalten ein Nahverkehrsticket. *126 Zi. | Breslauer Str. 33 | Tel. 86 7 90 | Fax 86 79 44 | www.balancehotel-leipzig.de | Straßenbahn 4, Breslauer Straße*

MARCO POLO HIGHLIGHTS

⭐ **Victor's Residenz-Hotel**
Hinter Jugendstilfassade ein First-Class-Hotel im Herzen der Stadt (Seite 85)

⭐ **Motel One**
Der Neubau kann sich sehen lassen – am Nikolaikirchhof stimmen Preis und Design (Seite 88)

⭐ **Hotel Michaelis**
Klassisches Ambiente, gute Lage, persönlicher Stil (Seite 86)

⭐ **Radisson SAS Leipzig**
Moderne Eleganz mit Blick auf das Gewandhaus (Seite 84)

⭐ **Seaside Park Hotel**
Art déco vom Teppich bis zur Lampe – plus Menü im virtuellen Steak Train (Seite 85)

⭐ **Gästehaus Leipzig**
In der herrschaftlichen Villa logierten die Gäste der Stadt (Seite 84)

HOTELS €€

GALERIE HOTEL LEIPZIGER HOF ᔕ [113 D5]

Im denkmalgeschützten Gründerzeithaus bekommt man Bilder ans Herz gelegt: **Rund 250 Gemälde** hängen in Gängen und Zimmern, darunter Werke berühmter Leipziger wie Wolfgang Mattheuer oder Werner Tübke, aber auch Bilder junger Künstler. Fr Führung durch die Sammlung (17 Uhr). Geräumige Zimmer unterm Dach. *72 Zi., 4 Ap. | Hedwigstr. 1–3 | Tel. 697 40 | Fax 697 41 50 | www.leipziger-hof.de | Straßenbahnen 1, 3, Einertstraße*

Insider Tipp

HOTEL IM SACHSENPARK ᔕ [120 B2]

Zur Neuen Messe ist es nur ein Katzensprung. Und so ist das Haus in seiner kühlen Eleganz vor allem auf Geschäftsleute eingerichtet. Der Komfort samt Sauna lässt sich außerhalb der Messezeiten am günstigsten nutzen. *112 Zi. | Walter-Köhn-Str. 3 | Tel. 525 20 | Fax 525 25 28 | www.sachsenparkhotel.de | Straßenbahn 16, Messegelände*

HOTEL MICHAELIS ★ [116 A2]

Herrschaftlich saniertes Haus (Baujahr 1907) in einer Seitenstraße der

▶ LUXUSHOTELS
Exquisites Wohnen und übernachten

HOTEL FÜRSTENHOF ᔕ [108 C1]

Exklusivität auf kleinem Raum, illustre Gäste: Richard von Weizsäcker, Sophia Loren, Tina Turner u. a. Der Bankier Löhr ließ sich 1770 das Palais errichten, 1889 empfing hier erstmals der Fürstenhof Gäste. Sehenswert der prunkvolle Serpentinsaal von 1865, original mit dem „Marmor der sächsischen Könige" wieder hergestellt. Der Pool ist in eine Felslandschaft eingebettet. *92 Zi. | EZ ab 145, DZ ab 170 Euro | Tröndlinring 8 | Tel. 14 00 | Fax 140 37 00 | www.luxury collection.com/fuerstenhof | alle Straßenbahnen ins Zentrum, Goerdelerring*

LINDNER HOTEL LEIPZIG ᔕ [110 A5]

Hier übernachten (nicht nur) Promis. Das Lindner im exklusiven Wohnviertel Leutzsch hat einen ausgezeichneten Ruf. Das Restaurant *Am Wasserschloss* serviert mediterrane Küche, im Sommer auf der Terrasse. Kostenloser Fahrradverleih für Ausflüge in den Auenwald,

kostenloser Shuttle zur City. *200 Zi., 22 Ap. | DZ ab 158, Suiten ab 258 Euro | Hans-Driesch-Str. 27 | Tel 447 80 | Fax 447 84 78 | www.lindner.de | Straßenbahn 7, Leutzscher Rathaus*

THE WESTIN LEIPZIG ☽ ᔕ [109 D1]

Hier entspannte schon der Dalai Lama. Mit asiatisch angehauchtem Design in gedämpften Farben empfängt eine weite Lobby die Gäste. Die klare Designlinie zieht sich durch die luxuriösen Zimmer der Clubetagen. Suiten mit Balkon. Im Restaurant *Falco* im 27. Stock serviert Peter Maria Schnurr leichte Küche (1 Michelin-Stern) zur atemberaubenden Aussicht. Im Untergeschoss schwimmen Sie im größten Hotelpool der Stadt. **Ein Running-Concierge bietet Stadtführungen im Laufschritt.** *436 Zi. | Zi. ab 120, Suiten ab 350 Euro | Gerberstr. 15 | Tel. 98 80 | Fax 988 12 29 | www.westin.com/leipzig | alle Straßenbahnen ins Zentrum, Hbf.*

Insider Tipp

Kneipen- und Einkaufsmeile Karl-Liebknecht-Straße. Freundlich, hell, ausgezeichnete Küche, im Sommer Terrasse. *59 Zi. | Paul-Gruner-Str. 44 | Tel. 267 80 | Fax 267 81 00 | www.hotel-michaelis.de | Straßenbahnen 10, 11, Hohe Straße/LVB*

PARKHOTEL DIANI  [117 F6]

Jugendstilvilla im Grünen mit großzügigen Zimmern und persönlicher Atmosphäre. In der Nähe: Völkerschlachtdenkmal und Silbersee. *71 Zi. | Connewitzer Str. 19 | Tel. 867 40 | Fax 8674250 | www.parkhotel-diani.de | Straßenbahn 15, Probstheida*

PENTAHOTEL LEIPZIG   [109 E3]

Der Komfort eines großen Hauses zeichnet das Hotel in Opernnähe aus. Sieben Etagen, kostenloser großer Fitnessbereich mit Pool, Sauna und Solarium. *356 Zi. | Großer Brockhaus 3 | Tel. 129 20 | www.pentahotels.com | alle Straßenbahnen ins Zentrum, Augustusplatz*

PRECISE ACCENTO   [120 C3]

Portitz liegt nicht gerade am Puls der Stadt, ein Hotel im Nordosten muss sich was einfallen lassen. Das ist Leipzigs einzigem Pop-Art-Stilhotel gelungen: Farben, Formen, Muster. *113 Zi., 3 Suiten | Tauchaer Str. 260 | Tel. 926 20 | Fax 926 21 00 | www.accento-hotel.de | Straßenbahn 9, Thekla | Bus 81, 82, Wodanstraße*

RATSKELLER PLAGWITZ   [115 D2]

Gründerzeithaus in Plagwitz nahe der Nonnenstraße, wo in ehemalige Industriebauten Kneipen und Restaurants eingezogen sind. *28 Zi. | Weißenfelser Str. 10 | Tel. 48 75 80 | Fax 48 75 82 01 | Straßenbahn 3, Elsterpassage*

▮ HOTELS €

FLAIR-HOTEL
ALT CONNEWITZ   [116 B5]

Kleines Hotel in 1930er-Jahre-Haus am südlichen Stadtrand, das Siegrun Kießling mit Charme führt. Rustikales Ambiente, Restaurant. *33 Zi. | Meusdorfer Str. 47a | Tel. 3013770 | Fax 301 38 00 | www.flairhotel.com/connewitz | Straßenbahn 11, Pfeffinger Straße | Linie 9, Koburger Brücke*

HOTEL AM
BAYRISCHEN PLATZ   [109 E6]

Hier haben schon Karl Marx und seine Tochter genächtigt. In Erinne-

Absteige der VIPs: Hotel Fürstenhof

HOTELS €

Insider
Tipp rung daran wurde extra ein „Marx-Zimmer" mit historischen Möbeln eingerichtet. Abgesehen davon nächtigen die Gäste in edlem Ambiente in Blau und Gold. *32 Zi. | Paul-List-Str. 5 | Tel. 14 08 60 | Fax 140 86 48 | Straßenbahnen 2, 9, 16, Bayrischer Platz*

HOTEL & RESTAURANT DON GIOVANNI   [114 B4]
Übernachten beim Lieblingsitaliener: Die Zimmer des Minihotels schwelgen in verspielter Opulenz. Insider
Tipp Romantiksuite anno 1850 mit Balkon. Antike Möbel, Granitbäder und Marmor aus Italien. Frühstück am großen Brunnen im Restaurant-Wintergarten. *9 Zi. | Schwartzestr. 1 | Tel. 30 88 8 80 | www.don-giovanni-leipzig.de | Straßenbahnen 3, 13, Schwartzestraße*

HOTEL MARKGRAF ꜛ   [116 A3]
Die Nähe zur Kulturmeile Süd mit ihren Kneipen und Läden ist hier nicht zu spüren. Das familiär geführte Hotel lädt zum Entspannen ein. Ansprechend die Wintergartenatmosphäre im Frühstücksrestaurant sowie die Sommerterrasse. *49 Zi. | Körnerstr. 36 | Tel. 30 30 30 | Fax 303 03 99 | www.markgraf-leipzig.de | Straßenbahnen 10, 11, Südplatz*

MEISTERZIMMER   [114 B2–3]
Wohnen wie ein Künstler auf dem Spinnerei-Gelände inmitten von Ateliers und Galerien. Im Fabrikloft stehen Rollbetten, Werkbank und Einsiedlerhütte bereit. *Bis zu 5 Pers., 2 Pers. ab 50 Euro | Spinnereistr. 7 | Mobiltel. 0178/374 44 65 | www.meisterzimmer.de | Straßenbahn 14, Bus 60, S-Bahnhof Plagwitz*

MERSEBURGER HOF   [110 A6]
Über eine Wendeltreppe steigt man ins Türmchen des neoklassizistischen Gebäudes und bekommt einen tollen Blick über Leipzig. Familie Hertwig hat das Haus dezent möbliert. *50 Zi. | Merseburger Str. 107 | Tel. 477 44 62 | Fax 477 44 13 | Straßenbahn 7, Georg-Schwarz-/Merseburger Straße*

MOTEL ONE ★   [109 D3]
Funktionaler, gelungener Neubau an geschichtsträchtigem Ort. Den Blick auf die Nikolaikirche gibt es hier

>LOW BUDGET

> Spektakulär wohnen in Deutschlands größtem Industriedenkmal: Die Buntgarnwerke (1875–1925) im angesagten Stadtteil Plagwitz bieten Lofts mit komfortabler Ausstattung auf zwei Etagen. Beliebt bei Künstlern und Filmteams. Ab 67 Euro, ab 2 Nächten buchbar. *Apartmenthaus Elsterlofts | Nonnenstr. 21–21a [115 D2] | Tel. 492 74 00 | Straßenbahnen 1, 2, Holbeinstraße | 14, Nonnenstraße*

> Sonnenaufgang am Cospudener See: Der Blick aus den Kleinapartments im Hafen Zöbigker ist traumhaft. Zwei Pers. ab 50 Euro. *Hafenkontor Cospuden | Hafenstr. 23 | Markkleeberg [118 A6] | Tel. 356 51 12*

> Im Südstadtkiez beherbergt Familie Klose die Gäste ganz familiär. 2 Personen ab 2 Nächte 62 Euro inkl. Frühstück. *Pension am Südplatz | Kochstr. 4 [116 A3] | Tel. 30 19 6 06 | Straßenbahnen 10, 11 | Südplatz*

zum supergünstigen Preis. *194 Zi. | Nikolaistr. 11 | Tel. 337 43 70 | Fax 337 43 710 | www.motel-one.com | alle Straßenbahnen ins Zentrum Augustusplatz*

■ FÜR JUNGE LEUTE ■

HOSTEL SLEEPY LION [108 B2]

Jugendhotel am Szeneviertel Gottschedstraße. 60 Betten. *Käthe-Koll-*

| Gottschedstr. 1 | Tel. 233 44 22 | Fax 233 44 21 | www.hotel-kosmos.de | Straßenbahn 9, Bus 89, Thomaskirche

■ PRIVATUNTERKÜNFTE ■

BED AND BREAKFAST [109 D2]

Privatzimmer, auch für eine Nacht. Ab 20 Euro können Sie bei gastfreundlichen Leipzigern nächtigen.

Auch in den Lofts der ehemaligen Buntgarnwerke in Plagwitz kann man sich einmieten

witz-Str. 3 | Tel. 993 94 80 | Fax 993 94 82 | www.hostel-leipzig.de | Straßenbahnen 1, 14, Gottschedstraße

KOSMOS-HOTEL [108 B3]

Jedes Zimmer ist anders: Übernachten Sie mit Filmikone Marilyn Monroe, wie in 1001 Nacht, oder, oder ... Die liebevolle Gestaltung macht das angejahrte Mobiliar allemal wett. Familiensauna Sa/So 10–15 Uhr. *24 Zi.*

Leipzig Tourist Service | Richard-Wagner-Str. 1 | Tel. 710 42 55 | Fax 710 42 53 | Zimmer@LTS-Leipzig.de

MITWOHNZENTRALE AM HAUPTBAHNHOF [109 D2]

Angebote ab drei Tagen Aufenthalt: 15–35 Euro/Person/Nacht. Die Gebühr beträgt 25 Prozent vom Tagespreis. *Goethestr. 7–10 | Tel. 980 50 00 | Fax 980 50 01*

SEEN, TIERE, SENSATIONEN

Leipzigs Freizeitangebote lassen keine Kinderwünsche offen

AUENSEE [110 B 1–2]

Gemütlich zuckelt die Parkeisenbahn um den kleinen See im nördlichen Auenwald. Attraktion ist die Dampflok von 1925 im Liliputformat, die meist an Wochenenden auf die Schiene darf. Auf der Fahrt Ausschau halten nach dem Spielplatz mit dem großen Holzschiff. Entern! *Parkeisenbahn April–Okt. Mo–Sa 14–18, So ab 10 Uhr | Erw. 2, Kinder 1,10 Euro | Straßenbahnen 10, 11, Rathaus Wahren | Bus 80, Auensee*

Insider Tipp

BELANTIS [120 B 4]

Welt- und Zeitreise am Südzipfel des Cospudener Sees: Griechenland und Mexiko, Grafendorf und Ritterburg warten mit familienfreundlichen Attraktionen auf. Wasserspielplatz und Wüstenrallye in Elektroautos begeistern schon die Kleinen. Steil: die 38 m hohe Pyramide mit Wildwasserbahn. Ganzjährig ist das Schloss Belantis mit Kinderjahrmarkt im Innenhof geöffnet, So Familienbrunch im Schlosscafé (10–14 Uhr). *Parksaison April–Okt. Mi, Do, Sa, So 10–18, während der Schulferien tgl. 10–18 Uhr | Tageskarte 18,90, Familienkarte ab 64 Euro | www.belantis.de | A38, Abfahrt Leipzig Neue Harth/Belantis Park*

EISDOM LEIPZIG [116 C 3]

Glitzerndes Vergnügen: Mit 2200 m² besitzt Leipzig die größte Indoor-Eisfläche Deutschlands. Sie drehen ihre Pirouetten unter einer beeindruckenden Betonkuppel, 75 m im Durchmesser und 30 m hoch. 1928/29 entstand die Halle als Großmarkt, wird noch heute mit ihrem Zwilling nebenan „Kohlrabizirkus" genannt. Schlittschuh-Ausleihe, keine Schließfächer. *Okt–März Mo–Do 14–22, Fr 14–24, Sa 10–24, So 10–22 Uhr | Erw. 5, Kinder bis 15 J. 4, Familien-Karte 12 Euro | An den Tierkliniken 42 | www.eisdom-leipzig.de | Straßenbahn 16, An den Tierkliniken*

GARAGE – TECHNOLOGIECENTRUM FÜR JUGENDLICHE [114 C 2]

Ob Druckmaschinen oder ein Porsche 911 – hier dürfen Ihre Kinder alles an-

> MIT KINDERN UNTERWEGS

fassen. Auf 5000 m² entdecken die Besucher in alten Produktionshallen Maschinen aus den Anfängen des Industriezeitalters sowie moderne Technik. Empfehlenswert die interaktiven Führungen *(nach Voranmeldung ab 5 Personen | Tel. 87 08 60). Mo–Fr 9–17 Uhr | Erw. 4,40, Kinder 2,75, Familienkarte 11 Euro | Karl-Heine-Str. 97 |* www.g-a-r-a-g-e.biz *| Straßenbahn 14, Gießerstraße*

KANUPARK MARKKLEEBERG [120 B4]
Eine Dosis Abenteuer, gemischt mit Gischt und guter Laune: Das sind die begleiteten Rafting-Touren durch die Wildwasserkanäle im Kanupark am Markkleeberger See. Kinder ab 12 Jahren dürfen ins Boot. Da die Anlage vor allem für den Leistungssport genutzt wird, ist ein Besuch nur nach Anmeldung möglich. *Tel. 034297/141291 | 2 Std. 35 Euro | Wildwasserkehre 1 | Markkleeberg |* www.kanupark-markkleeberg.com *| B2 Abfahrt Markkleeberg*

ZOO LEIPZIG ⭐ [112 A5]
Haben Sie mal Elefanten beim Tauchen beobachtet? Das geht durch die Unterwasserscheibe im Elefantentempel des Leipziger Zoos. Mitten in der City erleben Sie ferne Kontinente: Im Tiergarten durchstreifen Sie Erlebniswelten wie die Afrikasavanne (Pause in der stilvollen Kiwara-Lodge einplanen!), die Menschenaffenanlage „Pongoland", Asien mit dem Elefantentempel, der Tiger-Taiga oder der Lippenbärenschlucht. Überall Klettergelegenheiten für Kinder, dazu Wissenswertes zum Erfühlen und Erkennen. Tierkindergarten als Streichelzoo. In der charmanten Anlage, 1878 von Ernst Pinkert als Privatzoo eröffnet, finden mehr als 800 Arten Platz. Ausblick: „Gondwanaland" lädt zukünftig zur Expedition durch den Regenwald ein. *Nov.–März tgl. 9–17, April, Okt. 9 bis 18, Mai–Sept. 9–19 Uhr | Erw.13, Kinder 9 Euro, günstige Abendkarte eine Stunde vor den Schließzeiten | Pfaffendorfer Str. 29 |* www.zoo-leipzig.de *| Straßenbahn 12, Zoo*

> LEIPZIG VON SEINER IDYLLISCHEN SEITE

Spaziergänge durch Plagwitz und Gohlis

Die Spaziergänge sind auf dem hinteren Umschlag und im Cityatlas grün markiert

1 PLAGWITZ IM WANDEL

Bei Sonnenschein geht's raus aufs Wasser. Rudern wird belohnt: Aus der Entenperspektive enthüllt der ehemalige Industriestadtteil Plagwitz ein neues Gesicht – romantisch, imposant, irgendwo zwischen Docklands und Klein Venedig. Wer sich auf der Kahnpartie über die Weiße Elster treiben lässt, sollte einen halben Tag einplanen.

Los geht es am Wilhelm-Leuschner-Platz mit der Straßenbahn Linie 2 Richtung Lausen bis zur Haltestelle Rödelstraße. Von hier ist es nur noch ein Katzensprung um die Ecke bis zum *Bootsverleih Herold (Tel. 4011059)* an der Weißen Elster. Die Herolds haben gut ein Jahrhundert Erfahrung im Bootsbau. Damals gründete Julius H. Seifert das Unternehmen, und die Verleihboote gehörten bald fest zur Firma. Gleich nach

Bild: Karl-Heine-Kanal in Plagwitz

STADT SPAZIERGÄNGE

dem Ablegen verebbt der Straßenlärm. Das Boot gleitet an Kleingartenanlagen und dicht bewachsenen Ufern entlang. Idylle, in der ufernahe Grundstücke mit schicken Eigentumswohnungen bebaut wurden. Mit jedem Ruderschlag nähern Sie sich Plagwitz, das sich Mitte des 19. Jhs. vom verschlafenen Dorf jenseits der sumpfigen Elster-Pleiße-Aue zum ersten Industriestandort Leipzigs mauserte. Wie gewaltig die Ausmaße waren, wird nach der Unterquerung der Industriestraße sichtbar: Beiderseits der Elster erstreckt sich der gewaltige Komplex der **Buntgarnwerke** (1879–1925). Das größte Gründerzeit-Industriedenkmal Deutschlands ist ein Paradebeispiel für den Wandel des Viertels: Wo einst Maschinen wummerten und Menschen für die Sächsischen Wollgarnwerke schufteten, sind an der Nonnenstraße Restaurants, Arztpraxen, Post und Verwaltung eingezogen. Zum Wasser und zur Holbeinstraße entanden Lofts samt Tiefgarage und Dachgarten – Londoner Docklands mitten in Leipzig.

Bevor Sie an den himmelhohen Fassaden entlanggleiten, gönnen Sie sich noch einen Abstecher in den vom Industriepionier Karl Heine Mitte des 19. Jhs. angelegten Kanal, der direkt hinter der Brücke Industriestraße abzweigt. Sie unterfahren hier die malerische, originalgetreu sanierte Nonnenbrücke von 1893 und manövrieren das Boot durch die mit 5,50 m schmalste Stelle des Kanals. Über Ihnen thront auf einer alten Eisenbahnbrücke das MDR-*Riverboat*, extra für die gleichnamige TV-Talkshow an dieser Stelle errichtet. Dahinter öffnet sich der Blick in den Karl-Heine-Kanal. Das 2,5 km lange Teilstück präsentiert sich heute einladend wildromantisch. Hier begegnen die Ruderer mitunter dem kleinen Ausflugsdampfer „MS Weltfrieden". *(Anlegestelle am Restaurant Stelzenhaus).* Seit der Entschlammung ist der üble Geruch aus dem Kanal verschwunden, typische Pflanzen blühen am Rand, und die ehemalige Verladestation oberhalb des Südufers wurde zum Stadtteilpark umgestaltet. Am Karl-Heine-Bogen erhebt sich das imposante Stelzenhaus. In der einstigen Lagerhalle finden Sie Firmen, Wohnungen und das *Restaurant Stelzenhaus (tgl. | Tel. 492 44 45 | €€€)* mit schönem Biergarten.

Zurück auf der Weißen Elster, vorbei an den Ziegelfassaden der Buntgarnwerke, unter der bei Malern beliebten Stahlkonstruktion Könneritzbrücke hindurch, ist es Zeit für eine Kaffeepause: Das Restaurant *Weiße*

Insider Tipp

Elster *(Mi–Mo ab 12 Uhr | €)* hat eine eigene Anlegestelle und eine Terrasse über dem Wasser. Wer jetzt noch Puste und Zeit hat, rudert weiter Richtung Palmengartenwehr, schifft vielleicht sogar durch das Elsterflutbett. Zurück müssen Sie in jedem Fall, denn durch die Wehre ist kein Rundkurs möglich.

2 GOHLIS – VILLEN, SCHLÖSSCHEN UND SCHILLER

Wem's zu wohl is', der geht nach Gohlis: Das alte Sprichwort gilt auch heute noch, denn Gohlis zählt zu Leipzigs schönsten Wohngegenden. Der Spaziergang vorbei an Villen, dem Schillerhaus und dem Gohliser Schlösschen lässt sich gut mit einem Abstecher ins Rosental verbinden. Planen Sie 1–2 Stunden plus Mittagessen in einem der Restaurants ein.

Mit der Straßenbahnlinie 12 geht's vom Hauptbahnhof Richtung Gohlis-Nord. Rechts zeigt sich der Nordplatz mit der Michaeliskirche, eindrucksvoller Abschluss einer städtebaulichen Achse vom Alten Rathaus Richtung Norden. An der Haltestelle Fritz-Seger-Straße beginnt der Spaziergang. Biegen Sie links in die Menckestraße ein, und werfen Sie einen Blick auf die ehemalige Hauptstraße des Dorfes Gohlis. Links liegt die Gosenschenke „Ohne Bedenken" *(S. 61),* ein Urgestein unter den Leipziger Gasthäusern. Wer genau hinsieht, entdeckt an den Fenstern, dass ursprünglich zwei Häuser durch den Erker verbunden wurden. Vom Reichtum der Gründerzeit erzählen die Häuser links und rechts vom Grünstreifen (früher der Dorfanger), die 1890–1910 entstanden. Ein besonderes Prachtstück ist das **Haus Nr. 19** im Jugendstil, von Alfons Berger für eine wohlhabende Fabrikantentochter gebaut. Das **Gohliser Schlösschen** ist nun nur noch wenige Schritte entfernt *(geöffnet nur zu* ==Führungen== *Mi 15, und So 11 Uhr sowie zu Konzerten und Lesungen | Eintritt 3 Euro |*

stecher ins ==*Rosental*== machen. Die große Wiese in dem Landschaftspark nutzen viele Leipziger für ein Picknick. Östlich grenzt das **Zooschaufenster** an. In der Afrikasavanne tummeln sich Zebras, Giraffen und Strauße. Am Ende der Menckestraße wartet noch ein kleines Juwel auf Sie, das

==Insider Tipp==

Prachtvoller Veranstaltungssaal im Gohliser Schlösschen

www.gohliser-schloss.de). Der Kaufmann und Ratsherr Johann Caspar Richter baute sich 1756 den feudalen Landsitz. Beeindruckend ist das Deckengemälde „Lebensweg der Psyche" von Adam Friedrich Oeser im Obergeschoss. Zum Barockgarten kommt man über die Schlösschenstraße und den Poetenweg. Stärken Sie sich im Ostflügel mit einem Stück Baumkuchen aus der hauseigenen ==Konditorei== *(Mo–Fr ab 14, Sa/So ab 11 Uhr)*, bevor Sie nun einen Ab-

Schillerhaus *(April–Okt. Di–So 10–18, Nov.–März Mi–So 10–16 Uhr | Eintritt 3 Euro)*. Dort verbrachte der Dichter den Sommer 1785 und schrieb nach Leipziger Lesart die Ode an die Freude. Allerdings beansprucht auch Dresden diese Ehre für sich. Die Ausstellung wirkt durch die Atmosphäre des Bauernhauses von 1717, in dem der Dichter eine Stube im Obergeschoss bewohnte. Am Ende der Menckestraße fährt die Linie 4 wieder Richtung Innenstadt.

EIN TAG IN LEIPZIG
Action pur und einmalige Erlebnisse.
Gehen Sie mit unserem Autor auf Tour

MITTENDRIN

9:00

Frühstück genießen und Szeneluft schnuppern – im *Koslik* schlemmt man Appenzeller, Parmaschinken, Lachs und Rührei mit Ausblick auf die Shoppingmeile Gottschedstraße im Schauspielviertel. Hier gibt es immer was zu sehen, denn Paradiesvögel lieben die kleinen Läden der Straße. Für Naschkatzen: Die original DDR-Softeismaschine versüßt den Start in den Tag mit cremigen Eiskreationen **WO?** *Zentralstr. 1, www.koslik.com*

10:30

EINMAL WIE SCHUMI UNTERWEGS SEIN

Das Kart wartet – jedoch nicht auf einer normalen Bahn, sondern auf der Straße. Wenn man im offenen Flitzer mit Straßenzulassung die Kurve nimmt, kommt Formel-1-Feeling auf. Vorbei geht's an Thomaskirche bis zum Neuen Rathaus. Fun pur! **WO?** *über Jochen Schweizer | Kosten: 49 Euro/2 Std. | www.jochen-schweizer.de*

LET'S ROCK

13:00

Vom Einzylindersound zur Welt der Klänge. Im Musikinstrumente-Museum mit dazugehörigem Klanglabor gibt es was auf die Ohren. Nur keine Scheu und selbst in die Klaviertasten hauen oder die Gitarre rocken! Die Töne, die man den Instrumenten entlockt, sind anfangs vielleicht noch etwas schräg, dafür ist der Spaß umso größer. Ausprobieren ist hier ausdrücklich erwünscht. **WO?** *Johannisplatz 5–11 | Kosten: 4 Euro | http://mfm.uni-leipzig.de*

14:00

KUCHEN UND DESIGN

Paris Syndrom heißt das von Jun Yuang gestaltete Café in der *Galerie für Zeitgenössische Kunst*. Der Künstler visualisiert den Kulturschock, den japanische Touristen in Paris bekommen mit Louis-Vuitton-Imitat bezogenen Sesseln und pompösen Lüstern. Staunen und schlemmen: Das Café ist eine der besten Kuchen-Adressen der Stadt. **WO?** *Karl-Tauchnitz-Str. 9–11 | www.gfzk-online.de*

24 h

VIELFLIEGER

15:00

Ein wahnsinniges Gefühl und ein Herz, das vor Aufregung bis zum Hals schlägt, warten! Nun heißt es: *Fasten your seatbelts!* Und schon hebt das Flugzeug ab, schraubt sich bis hinauf zu den Wolken. Während Porsche-Werk, Neue Messe und Völkerschlachtdenkmal immer kleiner werden, wird das einmalige Erlebnis unvergesslich. **WO?** *Lips Flugdienst | Flugplatz in Oppin | Tel. 0341/393 91 70 | Preis: 60 Minuten für 72 Euro | www.lips-flugdienst.de*

17:00

PRESSECLUB

Das Papier raschelt, die Walzen knirschen und fertig ist der Druck. In der Bücherstadt gehören Drucker nicht zum alten Eisen, sondern zur Kunstelite. Einen Einblick ins Handwerk gibt's während eines individuellen Workshops an der historischen Kniehebelpresse. **WO?** *Tapetenwerk, Halle C, Lützner Str. 91 | Kosten ab 55 Euro | Termin vereinbaren unter: Tel. 0163/341 06 61*

VOLKSNAH

20:00

Kulturliebhaber zieht es abends zu den Bühnen und Theatern der Karl-Liebknecht-Straße. Davor stärken sie sich aber im *Volkshaus*. Die perfekte Grundlage für eine lange Partynacht: sächsische Kartoffelsuppe mit Würstchen oder Currywurst nach Art des Hauses mit Curry-Bananen-Sauce. Wer durstig ist, bestellt sich ein Schwarzbier aus der Region. **WO?** *Karl-Liebknecht-Str. 32 | Tel. 0341/212 72 22 | www.volkshaus-leipzig.de*

23:00

PARTY ALL NIGHT

Der Abend ist noch jung, und im *Bounce 87* heizt die heißeste Party der Stadt ein. Aus den Boxen wummern Black Beats und Hip-Hop. Auf die Tanzfläche stürmen, sich dem Rhythmus hingeben und die Zeit vergessen. **WO?** *Nikolaistr. 12–14 | www.bounce87.com*

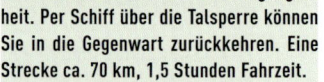

> ZU RITTERN, KLOSTERFRAUEN UND AN DEN STRAND

Zwischen Neuseenland und Kriebstein können Tagestouristen Geschichte(n) in Picknicklaune erfahren

1 BURG UND TALSPERRE KRIEBSTEIN

[121 F6] Romantisch und verwunschen wirkt die Burg Kriebstein, die ihre Zinnen über die Zschopau gen Himmel reckt. Wer die schön restaurierten Burgräume besucht, wagt einen Abstecher in die tiefe Vergangenheit. Per Schiff über die Talsperre können Sie in die Gegenwart zurückkehren. Eine Strecke ca. 70 km, 1,5 Stunden Fahrzeit.

Von Leipzig gelangen Sie über die B 2 bzw. B 95 Richtung Borna rasch ins Grüne. Der B 176 Richtung Döbeln folgen. An der Schnittstelle mit der B 175 nach Rochlitz einbiegen, und noch vor Geringswalde den Abzweig Richtung Mittweida nehmen. Ab Schweikershain den Hinweisschildern zur Talsperre folgen. Auf dem großen Parkplatz in See- und Burgnähe können Sie Ihr Auto abstellen.

Bild: Cospudener See

AUSFLÜGE & TOUREN

Auf dem Weg gelangen Sie über Bad Lausick nach **Colditz** (5000 Ew.), einem malerischen Städtchen an der Zwickauer Mulde. Berühmt auch bei ausländischen Gästen ist das Schloss *(Schlossgasse 1 | April–Okt tgl. 10 bis 17, Nov.–März 10–16 Uhr)*. In der Anlage waren 1940–45 alliierte Offiziere interniert. Die Fluchtversuche sind legendär, 30 sind gelungen. Heute dient die Europa-Jugendherberge als internationale Begegnungsstätte.

Danach geht die Fahrt weiter Richtung Zschopautal. Dort wurde 1927–30 ein 9 km langer Stausee angelegt: die **Talsperre Kriebstein**. Hinter Höfchen gibt es einen Parkplatz. Durch den Wald gelangt man in 10 Min. zum Ufer. Bei einer Schifffahrt bekommen Sie den schönsten Eindruck von der Landschaft *(Mai–Sept. tgl. 10.30, 11.30, 13.30, 14.30, 16.30, 17.30 Uhr)*. Dann geht es durch den Wald hinauf zur **Burg Kriebstein**. Tipp für die Tour mit Kindern: Zwischen den Bäumen erstreckt sich der **Kletterwald Kriebstein**, ein Hochseilgarten mit fünf Parcours *(26. Mai–9. Sept. tgl. 9.30–19.30 Uhr)*. Die Burganlage aus dem 14. Jh. thront auf einer Klippe hoch über der Zschopau *(Mai–Okt. Di–So 10–17.30, Feb.–April, Nov. bis 16 Uhr)*. Der Wohnturm ist bis zur Wetterfahne 45 m hoch. Durch die engen Gänge der pittoresken Anlage gelangt man z. B. in das Schatzgewölbe oder das ==Kriebsteinzimmer,== eine vollständig ausgemalte Bohlenstube aus dem 15. Jh.

Insider Tipp

2 MULDENTAL/ KLOSTER NIMBSCHEN

[121 D4] Gleich hinter Leipzig werden die Wiesen weiter, erstrecken sich über sanfte Hügel bis zum Muldeufer. Das wird gesäumt von Dörfern und Städtchen, von denen Grimma als eines der schönsten gilt. Wer Richtung Höfgen wandert, erfährt das Vergnügen einer Seilfährenfahrt, wandelt auf den Spuren Katharina von Boras und kann fast im Vorbeigehen die Funktion einer Schiffsmühle erkunden. Autofahrt eine Strecke ca. 30 km (45 Min.), Schifffahrt ca. 20 Min.

Wählen Sie für die Anfahrt nach Grimma die gemächliche Tour über die Dörfer: über die Prager Straße am Völkerschlachtdenkmal vorbei Richtung Liebertwolkwitz. Über Großpösna, Threna, Köhra, Pomßen und Grethen nach Grimma. Die Muldestadt **Grimma**, „Perle" im Muldental, erlangte 2002 durch die Flutkatastrophe traurige Berühmtheit. Heute zeigt sich die Altstadt wieder gastlich; das Städtchen ist stolz auf 800 Jahre Geschichte. Malerisch ist der *Markt*

mit seinen Renaissance- und Barockfassaden. Das Sahnestück ist das Rathaus von 1585. Ein rustikales Mittagessen gibt's im *Ratskeller (Markt 27 | €€)*, die Kaffeepause verbringt man im *Café am Markt (Markt 10)*. Weiter geht es dann zur Mulde, wo an der Anlegestelle *Hängebrücke* die Schiffe ins zauberhafte Kloster- und Mühltal starten *(Ende März–Nov. ab 10 Uhr, stdl.)*. Ihr Auto können Sie auf dem Parkplatz Gattersburg stehen lassen. Knapp 20 Min. später sind Sie am Schiffmühlensteg. Hier können Sie einen technischen Dino bewundern: In **Höfgen** ist die einzige noch funktionstüchtige Schiffsmühle verankert. Entlang der Mulde nähert man sich dem Lebens- und Leidensort der Katharina von Bora, die seit 1509 im Zisterzienserkloster **Nimbschen** lebte und nach ihrer Flucht den Reformator Martin Luther heiratete. Ans andere Ufer gelangt man mit einer Seilfähre. Dann geht es durch den Wald, bis die Überreste des Klosters durch das Grün leuchten. Wer die Rückfahrt von Grimma zügig hinter sich bringen möchte, kann auch über die A14 nach Leipzig zurückrauschen.

3 DAS NEUSEENLAND

[120 B4] Direkt vor den Toren der Stadt findet Landschaftswandel in Großformat statt: Im Leipziger Süden entsteht eine Seenplatte mit 15 Gewässern. Früher rissen dort Braunkohlebagger die Erde auf, jetzt ist der Cospudener See Hotspot aller Sonnenanbeter. Den Landschaftswandel im Zeitraffer können Sie vom Kap Zwenkau aus erleben. Zu Füßen des Aussichtsturms liegt der Tagebau

AUSFLÜGE & TOUREN

Zwenkau. Bis 2014 entsteht hier der mit 970 ha größte See. Durch die Bergbaufolgelandschaft führen regionale Veranstalter in 4–5 Stunden.

Nur eine halbe Stunde dauert die Fahrt von der City bis zum ⭐ **Cospudener See**. Über die Koburger Straße kommen Sie zum Zöbigker Hafen, einem Freizeitparadies für Ruderer,

genießen *(Seeterrasse Cospuden | S. 63)*! Im Winter wärmt ein Kamin, während draußen der Wind blaugrüne Wellen vor sich hertreibt.

Zum Aussichtspunkt **Kap Zwenkau** fährt man von Leipzig aus über die B 2 Richtung Gera bis nach Zwenkau und dann den Hinweisschildern entlang (30 Min.). Nehmen Sie unbe-

Aus dem 16. Jh. stammt das Alte Rathaus am Markt von Grimma

Segler, Angler, Taucher und Radler. Nur ein paar Hundert Meter weiter beginnt ein feiner Sandstrand. Zu jeder Jahreszeit schön ist ein Spaziergang oder eine Radtour rund um den See (11 km). Vom ☀ Aussichtsturm an der **Bistumshöhe** (35 m) hat man einen tollen Blick auf die Skyline von Leipzig. Spektakulär sind die Sonnenuntergänge – am besten von der ☀ Terrasse am Hafen aus

dingt einen Drink auf der ☀ Dachterrasse des Ausstellungspavillons *(Restaurant Kap Zwenkau | tgl. | Leipziger Str. 160 | Tel. 034203/ 445 99 99 | €€)*. Vom Liegestuhl aus können Sie den Blick über die Landschaft schweifen lassen. In der Ausstellung *(tgl. 10–19 Uhr)* ist eine der riesigen Förderbrücken im Kleinformat zu sehen, Schautafeln und Filme erzählen Tagebaugeschichten.

Insider Tipp

> VON ANREISE BIS ZEITUNGEN

Urlaub von Anfang bis Ende: die wichtigsten Adressen und Informationen für Ihre Leipzig-Reise

ANREISE

AUTO

Von Norden über die A 9, Abfahrt Leipzig-West oder am Schkeuditzer Kreuz auf die A 14 (Richtung Dresden) und an der Ausfahrt Leipzig-Mitte auf die B 2. Von Süden am Dreieck Rippachtal von der A 9 auf die A 38 wechseln, Richtung Leipzig/Lützen, Abfahrt Leipzig-Süd und über die B 2 der Ausschilderung in die City folgen.

BAHN

Von Berlin fährt der Zug nach Leipzig gut eine, von Köln 5 und von München 4,5 Std. Reisende aus der Schweiz und aus Süddeutschland können die *CityNightLine* nutzen *(www.citynightline.ch)*. In Leipzig erwartet Sie im Bahnhof ein modernes Einkaufszentrum. Taxistände gibt es vor den Ausgängen an der Ost- und Westseite. Die Straßenbahnen halten vor dem Haupteingang. Der Bahnhof liegt mitten in der City.

FLUGZEUG

Innerhalb Deutschlands gibt es Billigflieger-Routen z.B. von Düsseldorf, Köln/Bonn oder Nürnberg. Der Flughafen Leipzig/Halle am Schkeuditzer Kreuz ist über die A 9 und die A 14 bequem zu erreichen. Check-In im Zentralterminal; Ankunft und Abflug in Terminal B; hier finden Sie

PRAKTISCHE HINWEISE

auch die *Flughafeninformation (Tel. 224 11 55)*. Durch die lang gestreckte Glasröhre des Zentralterminals mit Geschäften und Gastronomie gelangen Sie zum Flughafenbahnhof. Mit dem *Flughafen-Express* der DB geht es in 15 Min. zum Leipziger Hauptbahnhof *(3,40 Euro)*. Taxen stehen vor dem Terminal B zur Verfügung. Für die rund 40-minütige Fahrt zahlen Sie etwa 25 Euro. *www.leipzig-halle-airport.de*

AUSKUNFT

LEIPZIG TOURIST SERVICE E.V. [109 D2]
Richard-Wagner-Str. 1 | 04109 Leipzig | Mo–Fr 9.30–18 (Nov.–Feb. 10 bis 18), Sa 9.30–16, So bis 15 Uhr | Tel. 710 42 60 und 710 42 66 | www. lts-leipzig.de

FAHRRADVERLEIH

FAHRRADSTATION ZWEIRAD ECKHARDT [109 D1]
Kurt-Schumacher-Str. 4, Verleih und Reparatur am *Hauptbahnhof (Parkhaus West) | Tel. 961 72 74*

NEXT BIKE [109 D1]
Ausleihe per Handy. Sie melden sich vorher auf *www.nextbike.de* an. Fahrrad aussuchen u. a. an den Standorten Augustusplatz [109 D3], Hauptbahnhof Ost- und Westeingang [109 D–E1] oder Thomaskirchhof [108 C3]. Hotline anrufen: *Tel. 223 83 96:* Sie bekommen eine Code-Nr. für das Zahlenschloss. Losradeln, die Gebühr

(ab 1 Euro/Std.) wird per Kreditkarte abgebucht. Rückgabe wieder per Hotline.

FUNDBÜROS

FUNDBÜRO LEIPZIG [109 F5]
Tel. 123 84 00 | Seeburgstr. 51 | Di 9 bis 12 und 13–18 Uhr

FUNDSTELLE HAUPTBAHNHOF [109 D1]
Querbahnsteig (nahe Gleis 3) | Tel. 968 32 55 | Willy-Brandt-Platz | tgl. 6.15–21.30 Uhr

INTERNET

www.leipzig.de (offizielle Homepage der Stadt Leipzig)
www.lvz-online.de (Homepage der „Leipziger Volkszeitung")
www.kreuzer-leipzig.de (Homepage des Stadtmagazins „Kreuzer")
www.leipzig-plus.de (Veranstaltungen)

INTERNETCAFÉS

INTERTELCAFÉ [109 D2]
Surfen & telefonieren. *Tgl. 10–22 Uhr | Brühl 64 | www.intertelcafe.de | alle Straßenbahnen ins Zentrum, Hbf.*

NETL@DEN [109 D3]
Laden der Webagentur *netladen. com. Reichsstr. 16–18 | alle Straßenbahnen ins Zentrum, Augustusplatz*

KARTENVORVERKAUF

– *Leipzig Ticket Service | Leipzig-Information | Richard-Wagner-Str. 1 | Tel. 710 42 85*

– *Ticketgalerie | Barthels Hof | Hainstr. 1 | Tel. 14 14 14 | www.ticket galerie.de*
– *Leipziger Volkszeitung | Peterssteinweg 14 | Tel. 01805/21 81 50 | www.lvz-ticket.de*

■ LEIPZIG CARD

Freie Fahrt mit Bus und Bahn und Preisvorteile bis zu 50 Prozent in Museen, Theatern oder bei Stadtrundfahrten bietet die *Leipzig Card*. Es gibt sie als Tageskarte *(8,90 Euro)* oder 3-Tageskarte *(18,50 Euro)* in Hotels und beim *Leipzig Tourist Service (Richard-Wagner-Str. 1)*.

■ MITFAHRZENTRALE

AM HAUPTBAHNHOF
Goethestr. 7–10 | Mo–So 8–20 Uhr | Tel. 19 44 00

■ ÖFFENTLICHE VERKEHRSMITTEL

Die Leipziger Verkehrsbetriebe betreiben Busse und Straßenbahnen. Einzelfahrten (für eine Stunde, mit Umsteigeberechtigung) gibt es für 1,80 Euro. Eine Tageskarte bringt Sie für 5,20 Euro durch die Stadt. Fahrpläne im Internet unter *www.lvb.de*.

NIGHTLINER
Ab Hauptbahnhof tgl. 1.11, 2.22, 3.33 Uhr | 10 Linien in alle Richtungen | Einzelfahrschein 1,80 Euro

■ PARKEN IN DER CITY

– *Tiefgarage Augustusplatz:* 1250 Stellplätze, hell, übersichtlich, zwischen Oper und Gewandhaus. Vor Vorstellungsbeginn am Automaten im Foyer den Parkschein entwerten.
– *Hauptbahnhof-Promenaden Parkhaus Ost und West:* 1300 Plätze
– *Tiefgaragen Löhrs Carré:* (zwei Zufahrten) 596 Plätze, Löhrstraße
– *Marktgalerie:* 462 Plätze, über Thomasgasse
– *Parkhaus Martin-Luther-Ring:* 400 Plätze, über Otto-Schill-Straße
– *Tiefgarage Burgplatz/Petersbogen:* 630 Plätze, über Martin-Luther-Ring, Lotterstraße

WETTER IN LEIPZIG

Jan.	Feb.	März	April	Mai	Juni	Juli	Aug.	Sept.	Okt.	Nov.	Dez.
2	4	8	13	19	22	24	23	19	13	7	3
Tagestemperaturen in ºC											
-3	-2	1	4	8	12	13	13	10	6	1	-1
Nachttemperaturen in ºC											
2	3	4	6	7	7	6	6	6	4	2	1
Sonnenschein Std./Tag											
10	8	9	9	9	9	10	10	8	8	8	10
Niederschlag Tage/Monat											

PRAKTISCHE HINWEISE

– Die Parkhausbelegung in der Innenstadt können Sie auch per Handy abfragen: *wap.parkinfo.com/?*

POST

HAUPTFILIALE [109 E3]
Zentrale mit Postbank, Paketannahme und Briefmarkenautomat. *Augustusplatz 1–4 | Mo–Fr 9–20, Sa 9–15 Uhr*

SPORT

GOLF
– Golf Club Markkleeberg, 9-Loch-Platz am Cospudener See. *Mühlweg 1* [118 A6] *| Tel. 358 26 86 | www.golf club-markkleeberg.de*
– Golfpark Seehausen, 18-Loch-Platz nahe der Messe. *Bergweg 10* [120 B2] *| Tel., 521 74 42 | www.golf park-seehausen.de*

STADTFÜHRUNGEN & EXKURSIONEN

– *Leipzig Details:* Stadtführungen zu Fuß, per Rad und zu Wasser. *Haus der Demokratie | Bernhard-Göring-Str. 152 | Tel. 303 91 12 | www.leipzig details.de*
– *Leipzig Erleben GmbH:* Stadtrundfahrten, Spaziergänge, thematische Rundgänge, Radtouren. *Tourist-Service | Richard-Wagner-Str. 1 | Tel. 710 42 30*
– *Mai-Regiotour:* veranstaltet „Südraumtouren" vom Bergbau bis zur Seenplatte südlich von Leipzig. *Hafenstr. 23 am Cospudener See | Tel. 86 32 99 38 | www.rundum-leipzig.de*
– *Treffpunkt Leipzig:* thematische Rundgänge, auch Rundfahrten im Oldtimer. *Friedrich-Ebert-Str. 33 | Tel. 149 78 79 | www.treffpunkt-leip zig.com*

TAXI

Die *Älteste Leipziger Funktaxenzentrale (Tel. 48 84)* und das *Löwen-Taxi (Tel. 98 22 22)* erteilen auch Auskünfte zu An- und Abflugzeiten der Airlines.

TELEFON

Vorwahl für Leipzig innerhalb Deutschlands: *0341*

WAS KOSTET WIE VIEL?

KAFFEE	**1,50–3,50 EURO**	für eine Tasse im Café
EIS	**1–2 EURO**	für zwei Kugeln Eis
WEIN	**4 EURO**	für ein Glas Wein
BRATWURST	**2–2,50 EURO**	vom mobilen Stand
KABARETT	**15–20 EURO**	für eine Karte
MUSEEN	**2–9 EURO**	für eine Eintrittskarte

ZEITUNGEN

Einzige regionale Tageszeitung ist die „Leipziger Volkszeitung" *(www. lvz-online.de)*. Das Stadtmagazin „Kreuzer" *(www.kreuzer-leipzig.de)* bietet monatlich einen Veranstaltungskalender und ein Verzeichnis der einschlägigen Adressen. Die kostenlosen Stadtmagazine „Blitz" und „Fritz Leipzig" liegen in Kneipen und an Veranstaltungsorten aus.

Specks Hof

> ## UNTERWEGS IN LEIPZIG

Die Seiteneinteilung für den Reiseatlas finden Sie auf
dem hinteren Umschlag dieses Reiseführers

CITY
ATLAS

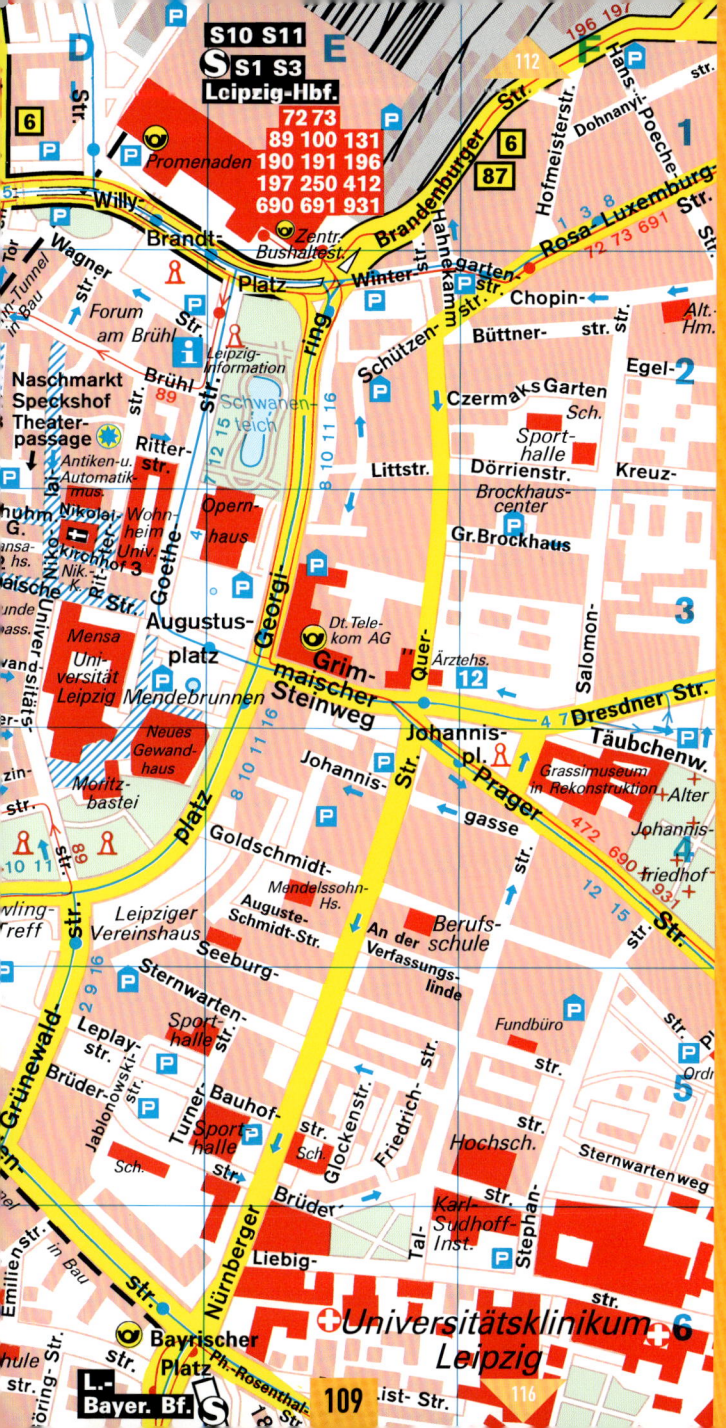

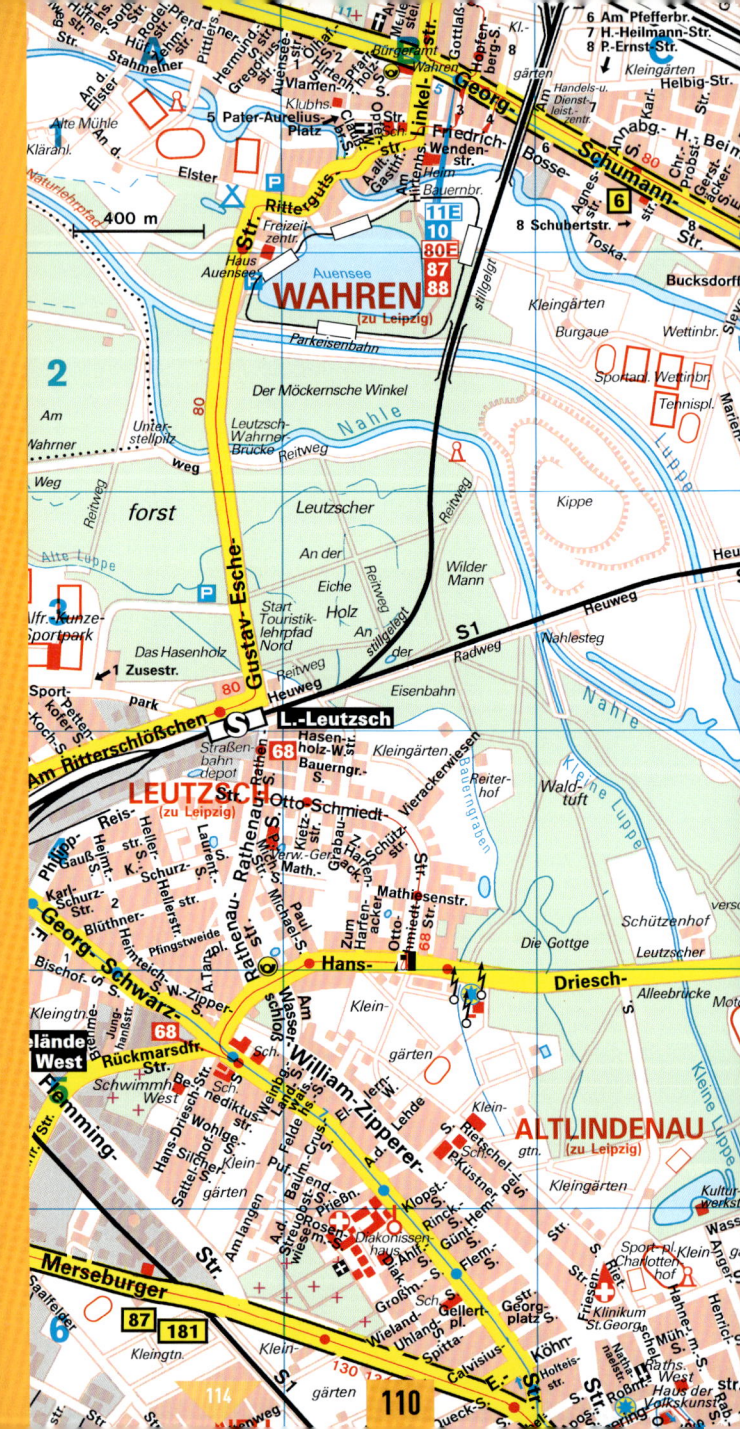

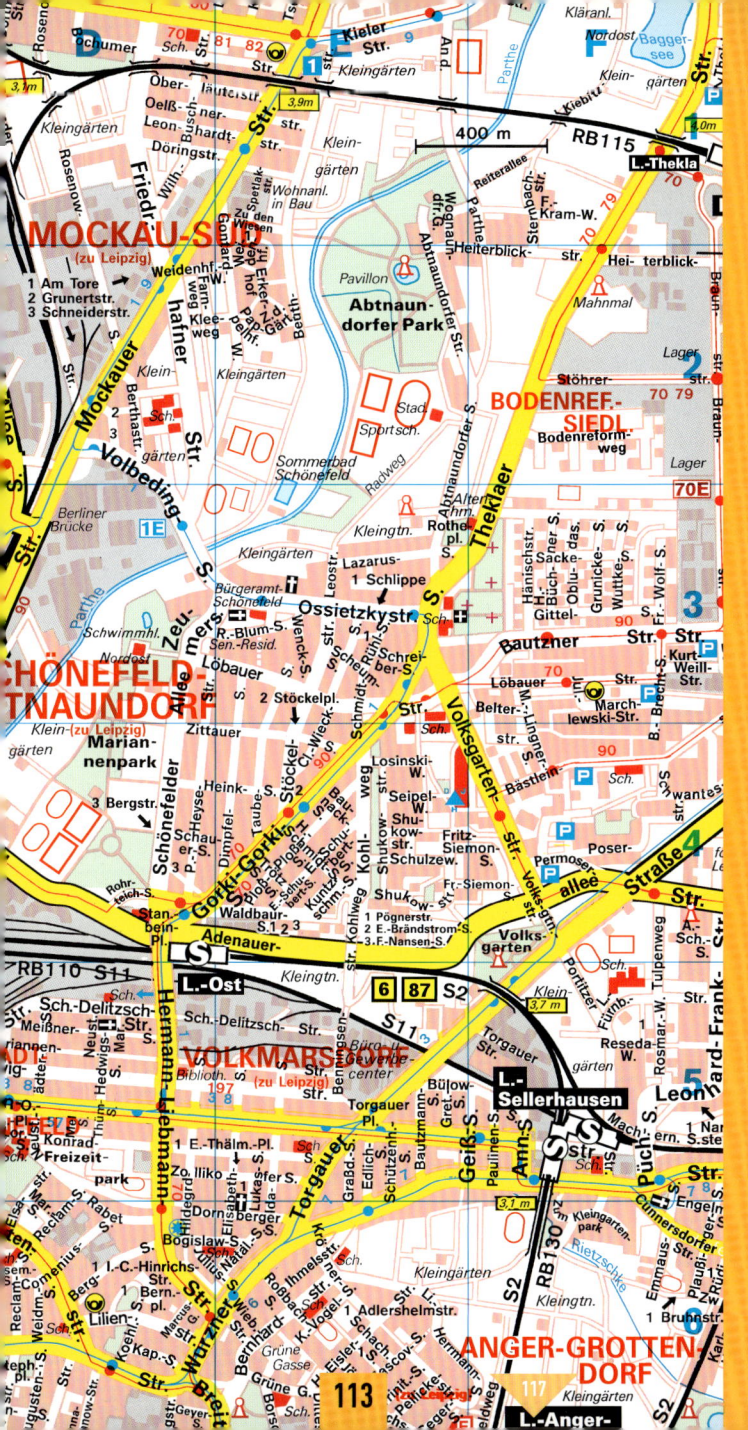

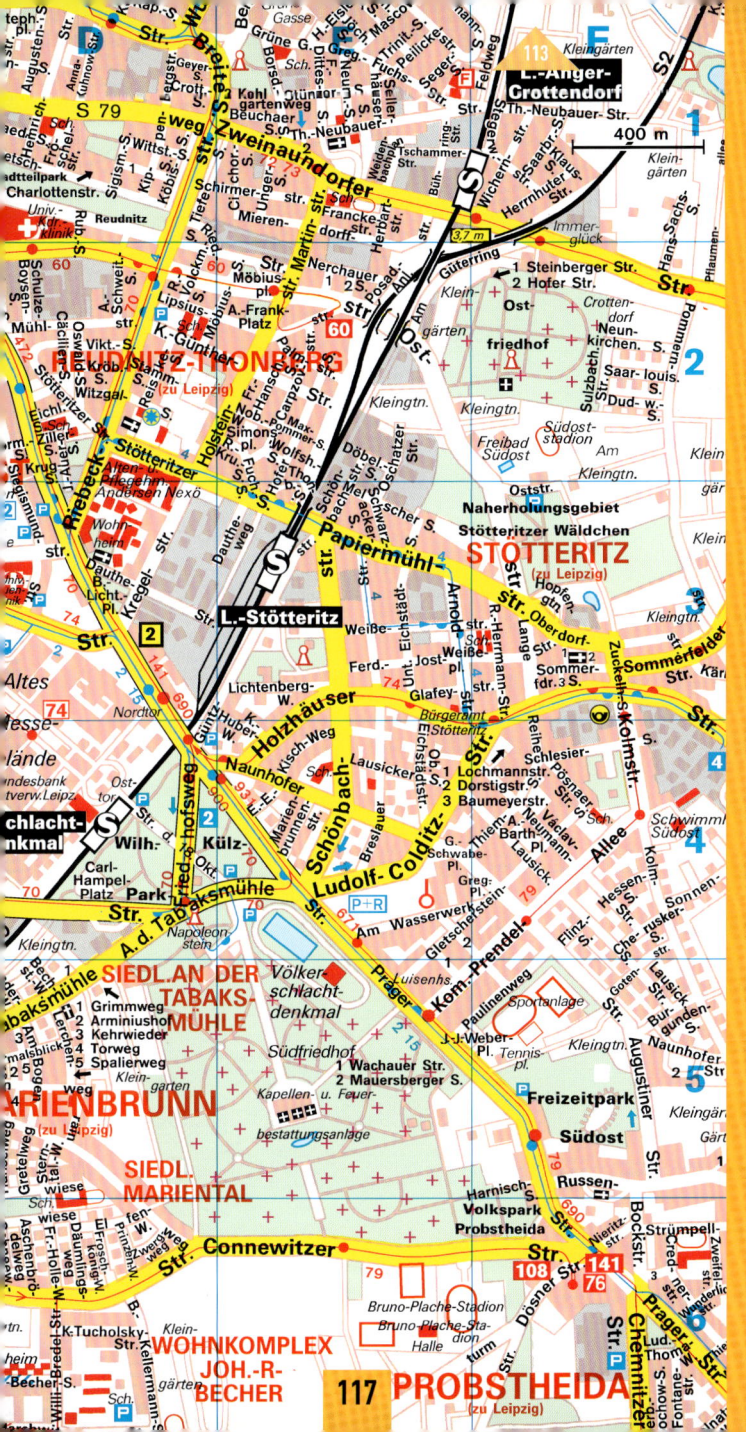

RATSHOLZ

A 115 **B**

L-Connewitz

Schwarzw.-Geh.

Wildparkgasst.

Unterstell-pilz

Pon reitba

Hochflutbett der Pleiße

Spiel-pl. Unte

Rehge.

Elch-gehege

Naherholungsgebiet

Neue Wisent-geh. **Wildpark**

Muffel-wildge.

Rot-u. Dammwild-geh.

Lehmlache Lauer

1

S-46

Güterverkehr

Radweg

Kläranlage

Der Horst

2 Am Wolfs

Ziegelei-

P

Eingangs-gebäude

Waldseeweg

Die Gautzscher Spit.

Großer Bogen W.

Cramer-R.

Am Wolfsinkel

Großer Bogen

Wald- weg

Forsth. Raschwitz

Bre

Barlauchweg

Fuchsbau 1

Pausnitz

Waldsee Lauer

1 Am Obstgarten
2 Am Eichenbogen
3 Ahornweg
4 Eschenweg
5 Ernst-Sommerlath-W.
6 Kammgarnweg
7 Spindelweg

3

Ladestr.

straße

G.-Keller-W.

Pr.-Roseager-W.

F.-Reu

Busch

Energie-straße

108

Pater-kath.

3

Lauerscher

Service-station

Grenzgraben

Kelchsteinlinie

Equipagen-

Kirsch-

Der Dunkelr.

Dietr Bonho

Flögelgraben

allee

Nord-strand

Service-station

Weg

Ökologische

Equipagen-

M.- WEST

Hochschule f. Technik, Wirt-schaft u. Kultur

Ring

Sommersied.

Havemann

Ring

R. Luxemb.-

1 Riquetstr.

Steg

Ringgraben

107

108

107

Cospudener

4

Lauersche

Flögel Weg

Keesscher Park

1 Gautzscher Pl.

65

Bongasse

Rathaus-

65

Karl-Liebkn.-

Bauverein-str.

M

kle

Zöbigker Weg

Mettringer str.

Gymnasium

Pfargasse

Arztehs.

Auerb. Hof

Sch. Dreifeld-derth.

Städtel-

Kregel-

Blum.

Aug.

Offen-

Seb.-Bach-W. u.

G.-Geschw.-Scholl-St.

Wass tur

See

Mendelssohn-str.

Bebel-bach.

Th.-Körner-

9

Ringstr.

P

Abendso

A Platz

Zwek-ner.

Volksgut. T. Böhlener

Wasse tur

MARKKLEEBERG

1 Ligusterring
2 Brombeerweg
3 Neusässer Str.
4 Fresienweg
5 Dahlienweg
6 Erikenweg
7 Akeleiweg
8 Enzianweg
9 Edelweißweg
10 Malvenbogen

Gautzscher

Kaiserstr.

Hemminger Bogen

Eulenberg

3 10

1

2 Alten-heim

S46

108

Einkaufszentr. Markkleeberg

allee

5

Bade-strand

Golf +

107

platz

Freiburger Allee

Sonnen-weg

Gold-u. 4

Astern-

4 7

5 6 8 3

4

SIEDL. EULENBERG

107

Lilien-W. 2

Erbenweg

Hainbuch-str.

Bowli bahn

Surten

Mühl-

P

Am Quer-An d. Waage

Feldrainer

str.

Am Winkel

Sonnen-

9 10

Prödelner

Hermann-

Privat-

Euler Kra

Käthe-Koll-

Müll

13

6 Zöbigker

Schloss

J.-Kees-St.-Barbara-Ring

Gutsstr.

Schmiede-

Prödelner

1 Hopfenweg
2 Hagebuttenweg
3 Gladiolenweg str.

Lind.-M

(zu Markkleeberg)

Cospudener-

R. Metzner-

Am Gera.

Berg

Dorf str.

Köbiger

Zöbiger

Wiesen W.

Flieder

Holund

4 Geranienweg
5 Nelkenplatz
6 Margeritenstr.
7 Narzissenweg

Segel-u. Freizeithfn.

118

Kinderdorfstr.

Caritas

Köbiger Str.

Koburger

Str.

Koburger Str.

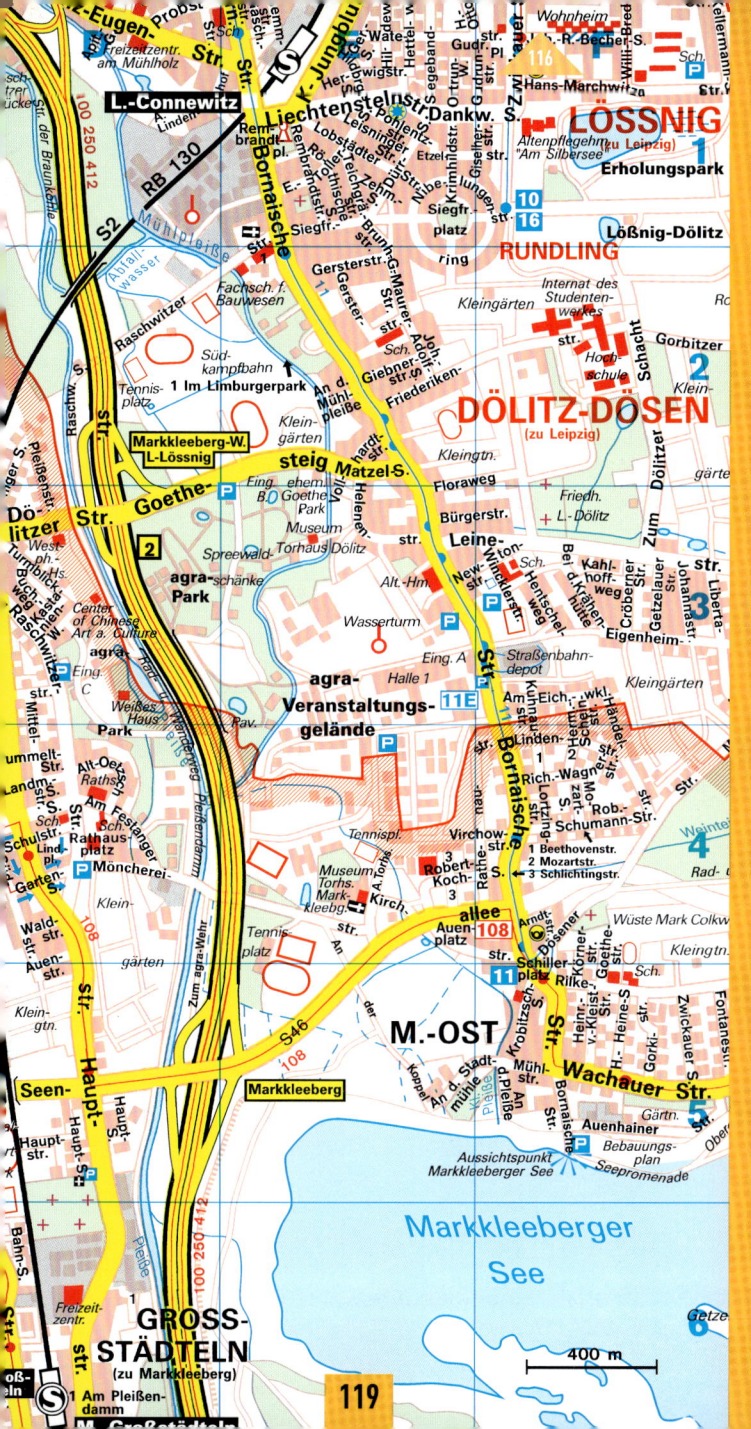

Das Register enthält eine Auswahl der im Cityatlas dargestellten Straßen und Plätze

A

Abtnaundorfer Park
113/E2
Adenauerallee
112/C4-113/F4
Albrecht-Dürer-Platz
116/B3
Alexanderstr. **108/A3**
Alfred-Kästner-Str.
116/A3-B3
Altenburger Str.
116/B3-B4
Alter Amtshof
108/B4
Altranstädter Str.
114/C4
Am Gothischen Bad
112/C4
Am Hallischen Tor
109/D1-D2
Am Ritterschlößchen
110/A3-A4
An den Tierkliniken
116/C3-C4
An der Märchenwiese
116/C6-117/D6
An der Tabaksmühle
116/C5-117/E4
An der Verfassungslinde
109/E4-F5
Annabergstr. **110/C1**
Anton-Bruckner-Allee
115/D2-E2
Antonienstr.
114/A3-115/D4
Anton-Zickmantel-Str.
114/B6-C6
Arndtstr. **116/A3-B3**
Arno-Nitzsche-Str.
115/A5-C5
Arthur-Hoffmann-Str.
116/B2-B5
August-Bebel-Str.
116/A3-A4
Auguste-Schmidt-Str.
109/E4
Augustusplatz
109/D3-D4
Aurelienstr.
114/B2-C1

B

Balzacstr. **112/B4**
Barfußgäßchen
108/C2-C3
Bauhofstr. **109/E5**
Bautzener Str. **113/F3**
Bayrischer Platz
109/D6-E6
Beethovenstr.
108/A5-B5
Berggartenstr.
111/E3-F3
Berliner Str.
112/B5-113/D2
Bernhard-Göring-Str.
116/B2-B5
Bernhardstr. **113/E6**
Biedermannstr.
116/A5-B6
Bismarckstr. **114/B5-B6**
Bitterfelder Str.
112/C3-C4
Blochmannstr.
112/A3-B3
Bornaische Str.
116/A5-119/F5
Bosestr. **108/B2-B3**
Brandenburger Str.
109/E1-113/C4
Brandstr. **116/A5-A6**
Brandvorwerkstr.
116/A3-A5
Breitenfelder Str.
111/E3-F1
Breitkopfstr. **117/D1**
Brüderstr. **109/D5-F5**
Brühl **108/C2-109/D2**
Brünner Str. **114/A2-A4**
Burgplatz **108/C4**
Burgstr. **108/C3-C4**
Büttnerstr. **109/F2**

C

Chemnitzer Str. **117/F6**
Chopinstr.
109/F2-112/C5
Christianstr. **111/E5**
Connewitzer Str.
117/D6-F6
Coppiplatz **112/A2**

Coppistr. **112/A2-B2**
Cottaweg **111/D5-D6**
Cunnersdorfer Str. **113/F6**
Czermaks Garten
109/E2-F2

D

Dankwartstr. **119/E1-F1**
Delitzscher Str.
112/B1-B3
Demmeringstr.
114/A2-110/C6
Dessauer Str. **112/C3**
Deutscher Platz **116/C3**
Diderotstr. **111/D1**
Dieselstr. **112/C2-C3**
Dieskaustr. **114/C4-C6**
Diezmannstr.
114/B3-B4
Dimitroffstr. **108/C5**
Dittrichring **108/B2-C3**
Dohnanyistr.
109/F1-112/C5
Dölitzer Str. **119/D3**
Dorotheenplatz **108/B3**
Dörrienstr. **109/F2**
Dortmunder Str.
113/D1-D2
Dösner Weg **116/B2-C3**
Dresdner Str.
109/F3-113/D6
Driftweg **116C5-117/D6**
Dufourstr. **116/A2-A3**

E

Edvard-Grieg-Allee
115/E1-F1
Eilenburger Str.
116/C1-117/E2
Eisenbahnstr.
112/C5-113/F5
Eisenstr. **111/E3-F3**
Elsterstr. **108/B3-111/E6**
Emil-Fuchs-Str. **112/A5**
Emilienstr.
108/C6-109/D6
Endersstr. **114/B2-C1**
Erich-Zeigner-Allee
114/C3-115/D2
Ernst-Schneller-Str.
108/C5

STRASSENREGISTER

Eutritz Markt **112/B2**
Eutritzscher Str.
 112/B3-B4

F

Färberstr. **108/A1**
Ferdinand-Lassalle-Str.
 115/E1-F1
Ferdinand-Rhode-Str.
 108/A5-116/A2
Flemmingstr. **110/A5-A6**
Floßplatz **108/B6-116/A2**
Fockestr. **116/A3-A5**
Friedenspark **116/C2**
Friedhofweg **117/D4**
Friedrich-Bosse-Str.
 110/B1-C1
Friedrich-Ebert-Str.
 108/B5-111/D4
Friedrichhafner Str.
 113/D1-D3
Friedrich-List-Platz
 112/C5
Friedrichstr. **109E5**
Funkenburgstr.
 108/A1-111/E5

G

Geibelstr. **112/B2-B3**
Georgiring **109/E2-E3**
Georg-Schumann-Str.
 110/A1-112B3
Georg-Schwarz-Str.
 110/A4-B6
Gerberstr. **109/D1-112/B5**
Gerichtsweg
 112/C6-116/C1
Gewandgasse **109/D3**
Gießerstr. **114/B4-C2**
Glockenstr. **109/E5**
Goerdelerring **108/B1-B2**
Goethesteig **119/D3-E2**
Goethestr. **109/D3-E2**
Gohliser Str. **112/A3-A4**
Goldschmidtstr.
 109/E4-F5
Gorki-Str. **113/D4-E3**
Gottschallstr. **112/B2**
Gottschedstr. **108/A2-B3**
Grasselstr.
 108/A5-116/A2
Grimmaische Str.
 108/C3-109/D3

Grimmaischer Steinweg
 109/E3
Große Fleischergasse
 108/C2
Großer Brockhaus
 109/E3-F3
Gruner Str. **116/A2-B2**
Grünewaldstr. **109/D4-D5**
Gustav-Adolf-Str.
 111/E6-F5
Gustav-Esche-Str.
 110/A1-A3
Gustav-Mahler-Str.
 108/A4-111/E6

H

Hahnekamm **109/E1-E2**
Hainstr. **108/C2-C3**
Hamburger Str. **112/C3**
Hans-Beimler-Str.
 110/C1-111/D1
Hans-Driesch-Str.
 110/A5-111/D4
Hans-Oster-Str. **111/E3-F1**
Hans-Poeche-Str. **109/F1**
Harkort-Str.
 108/B4-116/A2
Härtelstr. **108/C5-109/D5**
Hauptstr. **119/D3-D6**
Heilemannstr. **116/A4-A5**
Hermann-Liebmann-Str.
 113/D5-D6
Heuweg **110/A3-111/D2**
Hinrichsenstr. **111/E5-F5**
Hofmeisterstr. **109/F1**
Holbeinstr.
 114/C3-115/D3
Holsteinstr. **117/D2-E2**
Holzhäuser Str. **117/E4-F3**
Hugo-Licht-Str. **108/C4**
Humboldtstr.
 108/B1-112/A5
Huygensstr. **111/D2**

I

Industriestr. **115/D2-D3**

J

Jablonowskistr. **109/D5**
Jacobstr. **108/B1-112/A5**
Jahnallee **108/B1-111/D6**
Johannisallee **116/C1-C2**
Johannisgasse **109/E4-F5**

Johannisplatz **109/E3-F4**
Johann-Sebastian-
 Bach-Str. **115/E1-F1**

K

Karl-Heine-Str.
 114/B2-115/D2
Karl-Jungbluth-Str.
 116/C6-119/E1
Karl-Liebknecht-Str.
 108/C6-116/A5
Karl-Siegismund-Str.
 117/D2-D3
Karl-Tauchnitz-Str.
 108/B4-115/F3
Katharinenstr. **108/C2**
Käthe-Kollwitz-Str.
 108/B2-115/E1
Keilstr. **108/C1-109/D1**
Kickerlingsberg
 111/F4-112/A4
Kirschbergstr. **111/D2-E3**
Kleine Fleischergasse
 108/C2
Kleiststr. **112/B1-B2**
Klingerweg **115/D2-e2**
Klostergasse **108/C3**
Koburger Str.
 115/A6-118/B6
Kochstr. **116/A3-A5**
Kohlenstr. **116/B2-B3**
Kohlgartenstr.
 112/C5-113/D6
Kohlweg **113/E4**
Kolmstr. **117/F3-F4**
Kolonadenstr. **108/A3-B3**
Komm.-Prendel-Allee
 117/E5-F4
Könneritzstr. **115/D2-D4**
Konradstr. **113/D5-E5**
Konstantinstr.
 112/C5-113/D5
Körnerstr. **116/A3-B3**
Kregelstr. **117/D3**
Kreuzstr. **109/F2-113/D6**
Kuhturm-Str.
 114/C1-115/D1
Kupfergasse
 109/D3-D4
Kurt-Eisner-Str.
 115/F3-116/B3
Kurt-Günther-Str.
 117/D2-E2

STRASSENREGISTER

Riemannstr.
  108/B6-109/D6
Rittergutsstr. 110/A1-B1
Ritterstr. 109/D2-D3
Rödelstr. 115/D4
Rohrteichstr. 113/D4
Rosa-Luxemburg-Str.
  109/F2-113/D5
Roscherstr. 112/B4
Rosentalgasse
  108/B1-112/A5
Roßplatz 108/C4-109/E3
Rudolphstr. 108/B4

S

Saalfelder Str.
  110/A6-114/B2
Saarländer Str. 114/A2-B3
Sachsenplatz
  108/C2-109/D2
Salomonstr. 109/F2-F3
Salzgasse 108/C2-109/D3
Sandmännchenweg
  116/C5
Sasstr. 112/A2-A3
Schillerstr.
  108/C4-109/D4
Schletterplatz 108/C6
Schletterstr.
  108/C6-109/D6
Schleußiger Weg
  115/D4-F3
Schloßgasse 108/C4
Schönauer Str. 114/A5-B5
Schönbachstr. 117/E3-E4
Schönfelder Allee
  113/D3-D4
Schönfelder Str. 112/C2
Schreberstr.
  108/A4-111/E6
Schuhmachergasse
  109/D3
Schulze-Delitzsch-Str.
  113/D5-E5
Schützenstr. 109/E2-F2
Seeburgstr. 109/D4-F5
Semmelweisstr.
  116/C3-117/D3
Shakespearestr.
  116/A2-B2
Slevogtstr.
  110/C2-111/D1
Sommerfelder Str. 117/F3

Speckshof 109/D3
Spinnereistr.
  114/A2-B2
Sporengäßchen 108/C3
Städtelner Str.
  118/C5-119/D6
Stallbaumstr. 111/E3
Stanbein Platz 113/D4
Steinstr. 116/A4-B4
Stephanstr. 109/F4-F6
Sternwartenstr.
  109/D4-F5
Sternwartenweg
  109/F5-116/C2
Stöckelstr. 113/E3-E4
Stötteritzer Str.
  117/D2-E3
Straße des 17. Juni
  108/B5-C5
Straße des 18. Oktobers
  116/B2-C3

T

Talstr. 109/E6-F4
Tarostr. 116/B3-C3
Täubchenweg
  109/F4-117/D1
Theaterpassage 109/D2
Theklaer Str. 113/E3-F1
Theodor-Neubauer-Str.
  117/E1
Theresienstr.
  112/B3-113/D2
Thomasgasse 108/C3
Thomasiusstr. 108/A2-B3
Thomaskirchhof. 108/C3
Tischbeinstr. 115/D4
Torgauer Platz 113/E5
Torgauer Str. 113/E6-F4
Tröndlinring
  108/C1-109/D1
Tschaikowskistr.
  108/A2-111/E5
Turnerstr. 109/D5-E5

U

Uferstr. 112/A5-B5
Universitätsstr.
  109/D3-D4

V

Viertelsweg
  111/E3-112/B1

Virchovstr. 112/B1-B2
Volbedingstr. 113/D2-D3
Volksgartenstr.
  113/E3-F4

W

Wächterstr. 108/A5-B5
Waldstr. 111/E4-E5
Webergasse 109/E5
Weidenweg 114/A5-A6
Wiedebachplatz 116/B5
Wiederitzer Str.
  111/E2-E3
Wilhelm-Leuschner Platz
  108/C5
Wilhelm-Seyfferth-Str.
  108/B5-B6
William-Zipperer-Str.
  110/A5-114/C1
Willy-Brandt-Platz
  109/D1-E2
Windmühlenstr.
  108/C5-109/D6
Windorfer Str.
  114/B5-C4
Windscheidstr.
  116/A4-A5
Wintergartenstr.
  109/E2-F2
Wittenberger Str.
  112/B2-C4
Wolfgang-Heinze-Str.
  116/A5-A6
Wundtstr. 115/F2-F3
Wurzner-Str. 113/D6-F5

Y

Yorckstr. 111/D1-E2

Z

Zentralstr. 108/B3
Zerbststr. 112/C3
Zeumersstr. 113/D3
Ziegeleiweg 118/B2-C3
Zimmerstr. 108/B4
Zittauer Str. 113/D4-E4
Zöllnerweg 111/E4-F5
Zschochersche Str.
  114/C3-115/D1
Zweinaundorfer Str.
  117/E1-F2
Zwickauer Str.
  116/C3-119/F3

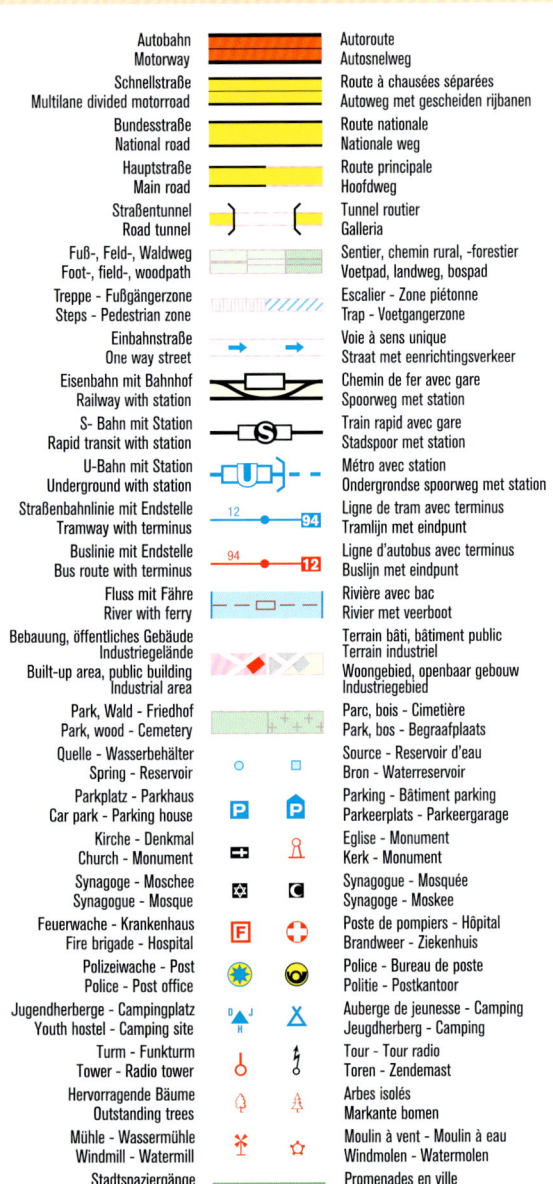

Autobahn / Motorway	Autoroute / Autosnelweg
Schnellstraße / Multilane divided motorroad	Route à chausées séparées / Autoweg met gescheiden rijbanen
Bundesstraße / National road	Route nationale / Nationale weg
Hauptstraße / Main road	Route principale / Hoofdweg
Straßentunnel / Road tunnel	Tunnel routier / Galleria
Fuß-, Feld-, Waldweg / Foot-, field-, woodpath	Sentier, chemin rural, -forestier / Voetpad, landweg, bospad
Treppe - Fußgängerzone / Steps - Pedestrian zone	Escalier - Zone piétonne / Trap - Voetgangerzone
Einbahnstraße / One way street	Voie à sens unique / Straat met eenrichtingsverkeer
Eisenbahn mit Bahnhof / Railway with station	Chemin de fer avec gare / Spoorweg met station
S- Bahn mit Station / Rapid transit with station	Train rapid avec gare / Stadspoor met station
U-Bahn mit Station / Underground with station	Métro avec station / Ondergrondse spoorweg met station
Straßenbahnlinie mit Endstelle / Tramway with terminus	Ligne de tram avec terminus / Tramlijn met eindpunt
Buslinie mit Endstelle / Bus route with terminus	Ligne d'autobus avec terminus / Buslijn met eindpunt
Fluss mit Fähre / River with ferry	Rivière avec bac / Rivier met veerboot
Bebauung, öffentliches Gebäude / Industriegelände / Built-up area, public building / Industrial area	Terrain bâti, bâtiment public / Terrain industriel / Woongebied, openbaar gebouw / Industriegebied
Park, Wald - Friedhof / Park, wood - Cemetery	Parc, bois - Cimetière / Park, bos - Begraafplaats
Quelle - Wasserbehälter / Spring - Reservoir	Source - Reservoir d'eau / Bron - Waterreservoir
Parkplatz - Parkhaus / Car park - Parking house	Parking - Bâtiment parking / Parkeerplats - Parkeergarage
Kirche - Denkmal / Church - Monument	Eglise - Monument / Kerk - Monument
Synagoge - Moschee / Synagogue - Mosque	Synagogue - Mosquée / Synagoge - Moskee
Feuerwache - Krankenhaus / Fire brigade - Hospital	Poste de pompiers - Hôpital / Brandweer - Ziekenhuis
Polizeiwache - Post / Police - Post office	Police - Bureau de poste / Politie - Postkantoor
Jugendherberge - Campingplatz / Youth hostel - Camping site	Auberge de jeunesse - Camping / Jeugdherberg - Camping
Turm - Funkturm / Tower - Radio tower	Tour - Tour radio / Toren - Zendemast
Hervorragende Bäume / Outstanding trees	Arbes isolés / Markante bomen
Mühle - Wassermühle / Windmill - Watermill	Moulin à vent - Moulin à eau / Windmolen - Watermolen
Stadtspaziergänge / City walks	Promenades en ville / Wandelingen door de stad

FÜR IHRE NÄCHSTE REISE

gibt es folgende MARCO POLO Titel:

DEUTSCHLAND
Allgäu
Amrum/Föhr
Bayerischer Wald
Berlin
Bodensee
Chiemgau/Berchtes-
    gadener Land
Dresden/Sächsische
    Schweiz
Düsseldorf
Eifel
Erzgebirge/Vogtland
Franken
Frankfurt
Hamburg
Harz
Heidelberg
Köln
Lausitz/Spreewald/
    Zittauer Gebirge
Leipzig
Lüneburger Heide/
    Wendland
Mark Brandenburg
Mecklenburgische
    Seenplatte
Mosel
München
Nordseeküste
    Schleswig-
    Holstein
Oberbayern
Ostfriesische Inseln
Ostfriesland/
    Nordseeküste
Niedersachsen/
    Helgoland
Ostseeküste
    Mecklenburg-
    Vorpommern
Ostseeküste
    Schleswig-Holstein
Pfalz
Potsdam
Rheingau/
    Wiesbaden
Rügen/Hiddensee/
    Stralsund
Ruhrgebiet
Sauerland
Schwäbische Alb
Schwarzwald
Stuttgart
Sylt
Thüringen
Usedom
Weimar

ÖSTERREICH |
SCHWEIZ
Berner Oberland/
    Bern
Kärnten
Österreich
Salzburger Land

Schweiz
Tessin
Tirol
Wien
Zürich

FRANKREICH
Bretagne
Burgund
Côte d'Azur/Monaco
Elsass
Frankreich
Französische
    Atlantikküste
Korsika
Languedoc-Roussillon
Loire-Tal
Nizza/Antibes/Cannes/
    Monaco
Normandie
Paris
Provence

ITALIEN | MALTA
Apulien
Capri
Dolomiten
Elba/Toskanischer
    Archipel
Emilia-Romagna
Florenz
Gardasee
Golf von Neapel
Ischia
Italien
Italienische Adria
Italien Nord
Italien Süd
Kalabrien
Ligurien/
    Cinque Terre
Mailand/Lombardei
Malta/Gozo
Oberital. Seen
Piemont/Turin
Rom
Sardinien
Sizilien/
    Liparische Inseln
Südtirol
Toskana
Umbrien
Venedig
Venetien/Friaul

SPANIEN |
PORTUGAL
Algarve
Andalusien
Barcelona
Baskenland/Bilbao
Costa Blanca
Costa Brava
Costa del Sol/Granada
Fuerteventura
Gran Canaria

Ibiza/Formentera
Jakobsweg/Spanien
La Gomera/El Hierro
Lanzarote
La Palma
Lissabon
Madeira
Madrid
Mallorca
Menorca
Portugal
Sevilla
Spanien
Teneriffa

NORDEUROPA
Bornholm
Dänemark
Finnland
Island
Kopenhagen
Norwegen
Schweden
Stockholm
Südschweden

WESTEUROPA |
BENELUX
Amsterdam
Brüssel
Dublin
Edinburgh
England
Flandern
Irland
Kanalinseln
London
Luxemburg
Niederlande
Niederländische Küste
Schottland
Südengland

OSTEUROPA
Baltikum
Budapest
Estland
Kaliningrader Gebiet
Lettland
Litauen/Kurische
    Nehrung
Masurische Seen
Moskau
Plattensee
Polen
Polnische Ostsee-
    küste/Danzig
Prag
Riesengebirge
Russland
Slowakei
St. Petersburg
Tallinn
Tschechien
Ungarn
Warschau

SÜDOSTEUROPA
Bulgarien
Bulgarische
    Schwarzmeerküste
Kroatische Küste/
    Dalmatien
Kroatische Küste/
    Istrien/Kvarner
Montenegro
Rumänien
Slowenien

GRIECHENLAND |
TÜRKEI | ZYPERN
Athen
Chalkidiki
Griechenland
    Festland
Griechische
    Inseln/Agäis
Istanbul
Korfu
Kos
Kreta
Peloponnes
Rhodos
Samos
Santorin
Türkei
Türkische Südküste
Türkische Westküste
Zakinthos
Zypern

NORDAMERIKA
Alaska
Chicago und
    die Großen Seen
Florida
Hawaii
Kalifornien
Kanada
Kanada Ost
Kanada West
Las Vegas
Los Angeles
New York
San Francisco
USA
USA Neuengland/
    Long Island
USA Ost
USA Südstaaten/
    New Orleans
USA Südwest
USA West
Washington D.C.

MITTEL- UND
SÜDAMERIKA
Argentinien
Brasilien
Chile
Costa Rica
Dominikanische
    Republik

Jamaika
Karibik/Große Antillen
Karibik/Kleine Antillen
Kuba
Mexiko
Peru/Bolivien
Venezuela
Yucatán

AFRIKA |
VORDERER
ORIENT
Ägypten
Djerba/Südtunesien
Dubai
Israel
Jerusalem
Jordanien
Kapstadt/
    Wine Lands/
    Garden Route
Kapverdische Inseln
Kenia
Marokko
Namibia
Qatar/Bahrain/Kuwait
Rotes Meer/Sinai
Südafrika
Tansania, Sansibar
Tunesien
Vereinigte
    Arabische Emirate

ASIEN
Bali/Lombok
Bangkok
China
Hongkong/Macau
Indien
Indien/Der Süden
Japan
Ko Samui/Ko Phangan
Krabi/Ko Phi Phi/
    Ko Lanta
Malaysia
Nepal
Peking
Philippinen
Phuket
Rajasthan
Shanghai
Singapur
Sri Lanka
Thailand
Tokio
Vietnam

INDISCHER
OZEAN |
PAZIFIK
Australien
Malediven
Mauritius
Neuseeland
Seychellen
Südsee

In diesem Register finden Sie alle in diesem Band erwähnten Sehenswürdigkeiten, Museen und Ausflugsziele sowie wichtige Stichworte und Namen. Halbfette Seitenzahlen verweisen auf den Haupteintrag, kursive auf ein Foto.

IMPRESSUM

 ## SCHREIBEN SIE UNS!

Liebe Leserin, lieber Leser,

wir setzen alles daran, Ihnen möglichst aktuelle Informationen mit auf die Reise zu geben. Dennoch schleichen sich manchmal Fehler ein – trotz gründlicher Recherche unserer Autoren/innen. Sie haben sicherlich Verständnis, dass der Verlag dafür keine Haftung übernehmen kann.

Wir freuen uns aber, wenn Sie uns schreiben.

Senden Sie Ihre Post an die
MARCO POLO Redaktion,
MAIRDUMONT, Postfach 31 51,
73751 Ostfildern,
info@marcopolo.de

IMPRESSUM

Titelbild: Mendebrunnen und Opernhaus (IFA Bilderteam: Tschanz)
Fotos: Connewitzer Verlagsbuchhandlung: Josephine Paul (15 o.); W. Dieterich (3 l., 3 M., 3 r., 4 r., 59, 68, 79, 84); Feldhoff&Martin (2 l.); Sven Felter (97 o. l.); © fotolia.com: Charlesknox (12 u.); R. Freyer (Klappe Mitte, 27, 36, 56, 106/107); gfzk Leipzig 2007 (96 u. r.); Golden Toys: Nancy Glor (13 u.); Haine Fire – Louise Günther: Gunter Binsack (14 o.); HB Verlag: Schulz (Klappe links, 21, 40); Hoch+Partner: Christoph Sandig (97 M. r.); IFA Bilderteam: Tschanz (1); F. Ihlow (4 l.); © iStock-photo.com: Teresa Pigeon (15 M.); KOSLIK bar-restaurant: Martin Koslik (96 o. l.); H. Lange (5); LA PLAYA: Rico Hartman (14 u.); Conrad Lobst (97 u. r.); maerzgalerie: Steffen Junghans (15 u.); Dirk Schmidt (12 o.); Jochen Schweizer GmbH (96 M r.); Spinnerei Archiv: Bertram Schultze (13 o.); E. ter Vehn/S.v. Aretin (131); Transit: Busse (44, 52), Eisler (64, 76), Grützner (11), Härtrich (16/17, 35, 50, 89, 90/91, 98/99), Hirth (6/7, 8/9, 20, 20/21, 22/23, 28/29, 31, 32/33, 39, 47, 48, 54/55, 60, 81, 90, 95, 101), Pollex (2 r., 92/93), Rötting (Klappe rechts, 43, 62/63, 65, 66/67, 71, 72, 82/83, 87,), Schulze (69, 74/75), Zeyen (18, 91); Universität Leipzig: Marion Wenzel (96 M. l.); Volkshaus Leipzig (97 M. l.)

6. (11.), aktualisierte Auflage 2010
© MAIRDUMONT GmbH & Co. KG, Ostfildern
Chefredaktion: Michaela Lienemann, Marion Zorn
Autorinnen: Stephanie von Aretin, Evelyn ter Vehn; Redaktion: Jochen Schürmann
Programmbetreuung: Silwen Randebrock; Bildredaktion: Gabriele Forst
Szene/24h: wunder media, München
Kartografie Reiseatlas: © MAIRDUMONT, D-73751 Ostfildern
Innengestaltung: Zum goldenen Hirschen, Hamburg; Titel/S. 1–3: Factor Product, München

> UNSERE AUTORINNEN

MARCO POLO Insiderinnen Evelyn ter Vehn und Stephanie von Aretin im Interview

Evelyn ter Vehn (r.) und Stephanie von Aretin (l.) leben seit Anfang der 1990er-Jahre in Leipzig.

Wieso leben Sie in Leipzig?

E. t. V.: Eine doppelte Liebesgeschichte. Frisch verliebt kam ich an einem wunderbaren Frühlingswochenende nach Leipzig. Da haben mich Mann und Stadt mit ihrem Charme einfach eingefangen.
St. v. A.: Ich habe Politikwissenschaft studiert, mit Schwerpunkt auf Osteuropa. Den politischen Wandel in Leipzig musste ich unbedingt aus der Nähe erleben.

Wie geht es Ihnen dort?

E. t. V.: Leipzig genieße ich als idealen Ort für die Familie. Der phantastische Auenwald mitten in der Stadt, dazu so viele Möglichkeiten in der Kultur- und Vereinsszene. Wenn man aktiv ist, wird Leipzig schnell zum Dorf: Man kennt sich.
St. v. A.: Immer noch verändert sich hier unglaublich viel: ganze Straßenzüge, das Bildungsangebot in Schulen und Kindergärten, es gibt neue Initiativen in Wirtschaft und Wissenschaft. Da wird es nie langweilig.

Wie leben Sie genau?

E. t. V.: In Fahrradnähe zur City haben wir am Park ein kleines, denkmalgeschütztes Häuschen saniert. Früher waren nur Schule und Bäcker um die Ecke, jetzt wird Schleußig hip mit Kneipen und freier Kulturszene. Das bleibt spannend.
St. v. A.: Auch wir leben in einem denkmalgeschützten Altbau aus den 20er-Jahren. Vom Esstisch aus blicken wir genau aufs Völkerschlachtdenkmal. In Stötteritz wohnen viele alteingesessene Leipziger.

Was machen Sie beruflich?

E. t. V.: Für das Internetportal der Leipziger Volkszeitung betreue ich als Online-Redakteurin Projekte und Kundenpräsentationen. Außerdem habe ich einen Kinderfreizeitführer für Leipzig geschrieben.
St. v. A.: Als freie Journalistin schreibe ich unter anderem für das Leipziger Stadtmagazin Kreuzer. Außerdem habe ich mit zwei Co-Autoren ein Buch über Leipziger Kirchen verfasst.

Was tun Sie in Ihrer Freizeit?

E. t. V.: Ich singe mit im Gospelchor an der Thomaskirche. Das ist eine sehr muntere Gruppe von um die 100 Sängerinnen und Sängern. Im Advent und vor Ostern gestalten wir einen Gottesdienst in der ehrwürdigen Thomaskirche – das ist schon erhebend.
St. v. A.: Seit über zehn Jahren bin ich Mitglied in einem Lesekreis. Wir haben unzählige Theaterstücke von Shakespeare über Lessing bis hin zu Elfriede Jelinek und Yasmina Reza gelesen und einige auch angeschaut.

10 € GUTSCHEIN
für Ihr persönliches Fotobuch*!

Gilt aus rechtlichen Gründen nur bei Kauf des Reiseführers in Deutschland und der Schweiz

SO GEHT'S: Einfach auf www.marcopolo.de/fotoservice/gutschein gehen, Wunsch-Fotobuch mit den eigenen Bildern gestalten, Bestellung abschicken und dabei Ihren Gutschein mit persönlichem Code einlösen.

Ihr persönlicher Gutschein-Code: `mpv2b7jhze`

MARCO POLO

MEINE REISE
Die schönsten Erinnerungen

Erlebe Deine Bilder!

Zum Beispiel das MARCO POLO FUN A5 Fotobuch für 7,49 €.

www.marcopolo.de/fotoservice/gutschein

> BLOSS NICHT!

Ein paar Tipps, die Ihnen helfen, Verdruss zu vermeiden

Ohne Ticket in die Bahn steigen

Steigen Sie nie ganz spontan und ohne gültiges Ticket in die nächste Straßenbahn. Beim Fahrer gibt es nur teure Einzelfahrscheine und noch sind nicht alle Bahnen und Busse mit Fahrscheinautomaten ausgestattet. Wer ohne Ticket dasteht, hat schlechte Karten. Das Motto der LVB-Kontrolleure: „Für 40 Euro hören wir uns gern die originellste Ausrede an." Nutzen Sie lieber die Automaten an vielen der Haltestellen.

Falsch Parken

In der Innenstadt darf nur auf den ausgewiesenen Flächen geparkt werden. Diese Finesse kam schon viele Autofahrer teuer zu stehen, denn Straßen ohne weiße Kennzeichnung und Schilder zählen nicht dazu. Die Leipziger Politessen sind auf Zack und 15 Euro Bußgeld schnell auferlegt. Besser ist es, das Auto in Leipzigs zahlreichen innenstadtnahen Parkhäusern abzustellen. Oder mit der Straßenbahn zu fahren, denn die Innenstadt lässt sich zu Fuß gut erkunden.

Unter Zeitdruck ins Café

Vor dem Theater noch schnell ins Café, und gern auch eine Kleinigkeit essen ... Das endet in vielen Fällen mit Magendrücken! Denn so wunderbar man in Leipzig ausgehen kann, mit der Bedienung geht es oft sächsisch gemütlich voran. Besonders, wenn plötzlich das schöne Wetter alle nach draußen lockt, können sich viele Lokale nicht so schnell auf den Ansturm einstellen. Wenn das Essen dann kommt, ist man meist reichlich entschädigt. Aber lieber Zeit mitbringen, als mit Bauchweh gehen.

Sächseln wollen

Bitte nicht. Versuchen Sie es gar nicht erst. Es geht wirklich nicht. Und außerdem machen Sie sich entweder lächerlich oder unbeliebt. Sächseln ist nun mal nicht erlernbar, und selbst Wahl-Sachsen stellen nach jahrzehntelangem Aufenthalt vor Ort fest: „Sächsisch muss man mit der Muttermilch eingesogen haben." Quälen Sie Ihre Zunge und die Ohren Ihrer Zuhörer nicht unnötig: Keiner ironisiert die Mundart so wunderbar, wie die Leipziger selbst in ihren Kabaretts.

Mit High Heels auf die Piste

Roter Lippenstift, sexy Outfit und Pumps: Das ist fürs Nachtleben in Leipzig wie anderswo eigentlich Pflicht. Aber Vorsicht – das Straßenpflaster ist auf Pfennigabsätzen nicht gerade eine Freude. Zu DDR-Zeiten wurden große Platten verlegt, und die nicht immer ganz eben. Auch das alte Kopfsteinpflaster in vielen Gassen meint es nicht gut mit hohen Absätzen. Da gerät frau ganz schnell ins Straucheln und der coole Look ist dahin. Lieber flache Schuhe für den Weg, und die Manolos für die Tanzfläche ins Gepäck!